C·H·Beck
PAPERBACK

Vom Geld in der eigenen Tasche bis zu globaler Gerechtigkeit und Klimaschutz interessieren sich Jugendliche lebhaft für Wirtschaft. Dieses Buch erklärt auf das Wesentliche konzentriert und anhand anschaulicher Beispiele die Grundzüge der Ökonomie. Dabei gelingt es dem Autor und vierfachen Vater meisterhaft, spannend und kurzweilig die großen Zusammenhänge sichtbar zu machen.

Alexander Hagelüken, Ökonom, ist Leitender Redakteur für Wirtschaftspolitik bei der Süddeutschen Zeitung. Im Verlag C.H.Beck erschien von ihm bereits der Band «Das Ende des Geldes, wie wir es kennen» (2020).

Alexander Hagelüken

WIRTSCHAFT FÜR KIDS

Eine etwas andere
Einführung in die Ökonomie

C.H.Beck

2. Auflage. 2022

Originalausgabe

www.chbeck.de
Satz: Fotosatz Amann, Memmingen
Druck: Druckerei C.H.Beck, Nördlingen
Umschlaggestaltung: geviert.com, Michaela Kneißl
Umschlagabbildung: Die Bronzestatue «Fearless Girl» von Kirsten Visbal wurde 2017 zum Weltfrauentag gegenüber dem «Charging Bull», Symbol eines aggressiven finanziellen Optimismus, im Finanzdistrikt von Manhatten aufgestellt. Foto: © shutterstock
Printed in Germany
ISBN 978 3 406 79017 1

myclimate

klimaneutral produziert
www.chbeck.de/nachhaltig

Für Juri, Jonah, Jascha und Janis Hagelüken

Inhalt

Die Wirtschaft sind wir alle

Wirtschaft, das klingt für viele nach endlosen Zahlen. Nach kompliziertem Zeug, das einen nicht interessiert. Davon verschwindet die Wirtschaft allerdings nicht. Im Gegenteil: Sie ist überall – und berührt ständig unser Leben.

Hast du schon mal mit deinen Eltern ums Taschengeld verhandelt? Fragst du dich, wie sich eine Klimakatastrophe verhindern lässt? Überlegst du, was du später mal werden willst? Das hat alles mit Wirtschaft zu tun. Mit Geld, Unternehmen, Berufen. In diesem Buch geht es darum, welche Höhe des Taschengelds Experten vorschlagen. Wie sich unser Alltag ändern muss, damit der Klimawandel nicht den Planeten verwüstet. Was du tun kannst, um dir deinen Berufswunsch zu erfüllen, und um vieles mehr. Wie kommen Unternehmer wie Mark Zuckerberg von Facebook/Meta auf ihre Ideen? Warum kann er sich eine Villa auf Hawaii mit 900 Fußballfeldern Grund kaufen, während Millionen Menschen hungern? Was lässt sich gegen Armut tun?

Die Wirtschaft sind wir alle. Wir profitieren von ihr oder leiden unter ihr. Aber wir können sie verändern – als Konsumenten, Berufstätige und politische Aktivisten. Dabei hilft es, zu verstehen, wie die Wirtschaft funktioniert. Dieses Wissen lässt sich auch nutzen, um Produkte billiger zu kaufen und dein Geld auf dem Konto zu vermehren. Um Freunden oder Eltern zu widersprechen, die immer alles besser zu wissen glauben.

Mich hat Wirtschaft früh interessiert, aber ich fand das Thema anfangs echt schwierig. Ich hätte mein Studium der Volkswirtschaft fast hingeschmissen, weil es zuerst nur um

Mathe ging. Dann fiel die Berliner Mauer, und in der DDR brach der Kommunismus zusammen. Wir diskutierten mit unseren Professoren monatelang, was das beste Wirtschaftssystem sei. Später berichtete ich für die Süddeutsche Zeitung aus Berlin, Brüssel und vielen Orten der Welt. Ich interviewte Firmenbosse wie Bill Gates von Microsoft, Bundeskanzler und Verbrecher. Ich lerne dabei ständig dazu.

Wirtschaft umfasst vieles, was wir brauchen und wünschen: Essen, Smartphone, Wohnen, Reisen, Klamotten, finanzielle Sicherheit. Wie kriegt man das am einfachsten hin? Vieles in der Welt ist so ungerecht, lässt sich da was machen? Ist es okay, wenn eine Firma mit Fake News Geld macht? In welchem Beruf verdienst du wie viel? Darum soll es hier gehen – und um noch viel mehr.

Ein paar Hinweise, damit du dieses Buch möglichst gut nutzen kannst: Wird ein wirtschaftlicher Begriff erklärt, ist er **fett** gedruckt. Am Schluss des Buches findet sich ein Verzeichnis dieser Wörter. Stößt man später wieder auf den Begriff, kann man nachschauen, wo er erklärt wird (diese Seitenzahl ist fett gedruckt). Dieses Register enthält auch die Namen wichtiger Forscher und Unternehmer, von Karl Marx bis Steve Jobs, dem Gründer der iPhone-Firma Apple. Die Geschichten über Menschen und Unternehmen habe ich recherchiert, als ich dieses Buch geschrieben habe. Manches kann sich geändert haben, so wie sich im Leben manchmal etwas ändert.

Neben den echten Menschen tauchen im Buch Jugendliche und junge Erwachsene auf, die ich erfunden habe: Jenny und Mehmet, die noch zur Schule gehen, Leon, der Azubi, und Emma, die studiert. Mit ihrer Hilfe lassen sich wirtschaftliche Themen leichter erklären. Ich habe vier Söhne, die sind zwischen 6 und 23 Jahre alt. Sie fragen mich alles Mögliche. Noch viel lieber nutzen sie ihr Wissen, um mir klarzumachen, dass ich mal wieder total daneben liege.

Beispiele sind in diesem Buch grau unterlegt. Erklärungen zu einigen Begriffen stehen in Kästen, die man beim Lesen auch überspringen kann, oder man kann sie für sich lesen, wenn man eine bestimmte Erklärung sucht.

Ich hoffe, dass Wirtschaft nach dem Lesen dieses Buches für dich verständlicher geworden ist, dass du neue Anregungen bekommen hast und dass es vielleicht sogar Spaß gemacht hat. Das bleibt dann natürlich unter uns.

1. KAPITEL
Ohne Geld läuft nichts

Jeder von uns geht ständig mit Geld um. Jenny kommt gerade vom Supermarkt, wo sie fürs Abendessen eingekauft hat. Davor hat sie sich drei Schulhefte besorgt. Opa hat ihr gestern 100 Euro für ihr gutes Zwischenzeugnis geschenkt. Deshalb guckt sie jetzt online nach den engen Hosen, die ihr Mama nicht kaufen will, angeblich weil sie sie zu eng findet. Jenny glaubt aber: weil Mama zur Zeit als Grafikerin weniger verdient, was ihr aber vor Jenny peinlich ist. Egal, jetzt hat Jenny ja das Geld von Opa. Bei den Hosen kann sie sich noch nicht entscheiden. Auf jeden Fall gibt sie Mehmet morgen in der Pause die fünf Euro zurück, die er ihr letzte Woche geliehen hat.

Geld ist für uns so selbstverständlich, dass wir uns ein Leben ohne gar nicht vorstellen können. Aber die längste Zeit, seit die Menschen auf der Erde sind, gab es kein Geld. In diesem Kapitel geht es darum, wie sich das Geld und die Wirtschaft entwickelt haben. Zunächst reden wir darüber, was du mit deinem Geld kaufen kannst.

Wie viel Taschengeld bekommst du?

Vielleicht hast du mit deinen Eltern schon übers **Taschengeld** diskutiert. Wie viel Eltern ihren Kindern geben, dafür gibt es keine Gesetze, es ist ihre persönliche Entscheidung. In der

Corona-Pandemie verdienten viele Menschen weniger als sonst. Manche Kinder bekamen weniger Taschengeld. In der Finanzkrise 2008 zahlten Eltern in Großbritannien im Durchschnitt sogar acht britische Pfund weniger pro Monat, statt 32 nur noch 24.

Es gibt noch andere Unterschiede. In Deutschland geben Eltern Söhnen im Durchschnitt etwas mehr Taschengeld als Töchtern – obwohl es dafür keinen Grund gibt. Jenny findet das unmöglich. Immerhin schrumpft der Unterschied seit Jahren.

EMPFEHLUNGEN DES DEUTSCHEN JUGENDINSTITUTS ZUM TASCHENGELD 2020

Unter 6-Jährige	0,50 – 1,00 Euro/Woche
6-Jährige	1,00– 1,50 Euro/Woche
7-Jährige	1,50 – 2,00 Euro/Woche
8-Jährige	2,00– 2,50 Euro/Woche
9-Jährige	2,50 – 3,00 Euro/Woche
10-Jährige	16,00 – 18,50 Euro/Monat
11-Jährige	18,50 – 21,00 Euro/Monat
12-Jährige	21,00 – 23,50 Euro/Monat
13-Jährige	23,50 – 26,00 Euro/Monat
14-Jährige	26,00 – 31,00 Euro/Monat
15-Jährige	31,00 – 39,00 Euro/Monat
16-Jährige	39,00 – 47,00 Euro/Monat*
17-Jährige	47,00 – 63,00 Euro/Monat*
18-Jährige und ältere	63,00 – 79,00 Euro/Monat*

* Für Jugendliche ab 16 Jahren, die wirtschaftlich ganz von den Eltern abhängig sind (z. B. Schülerinnen und Schüler)

Quelle: Alexandra Langmeyer/Ursula Winklhofer: Taschengeld und Gelderziehung (2014). Aktualisierte Empfehlungen von 2020 auf Basis der Inflationsraten.

Wer das Gefühl hat, seine Eltern sind zu geizig, kann beim Deutschen Jugendinstitut auf der Website nachschauen. Es empfiehlt je nach Alter ein bestimmtes Taschengeld. Zwölfjährige sollen gut 20 Euro im Monat bekommen, Siebzehnjährige etwa 50 bis 60 Euro.

Eltern sollen nicht alles bestimmen

Fachleute sagen: Wichtig ist, dass Eltern Taschengeld unabhängig davon geben, wie sich ihre Kinder verhalten, es also nicht als Strafe streichen oder bei schlechten Schulnoten senken (was laut einer Umfrage sechs Prozent der Eltern tun). Die Kinder oder Jugendlichen sollen das Geld so ausgeben können, wie sie möchten, und die Eltern sollen sich ihre Kommentare dazu sparen.

Mehmet hat auf der Website des Jugendinstituts nachgelesen. Er hat dann gleich mit seinem Vater geredet. Der hat ihm erst nicht geglaubt, weil er es mal wieder besser wusste. Angeblich. (Wie so oft, seufzt Mehmet). Aber dann hat er doch im Internet geschaut und das Taschengeld um zehn Euro im Monat erhöht, wie es das Institut für Mehmets Alter vorschlägt. Dabei hat der Vater zwar gesagt, die Eltern hätten sowieso vorgehabt, mehr zu zahlen. Mehmet glaubt aber, dass es mit dem Institut zu tun hatte. Der Vater verspricht auch, nicht mehr zu motzen, wenn sich Mehmet Games für Computer und Playstation kauft. Aber ob er sich daran hält … Mehmet glaubt: Nein.

Wofür Töchter und Söhne ihr Geld ausgeben, hängt vom Alter ab. Ganz oben stehen Zeitschriften, Ausgehen, Smartphone, Fast Food und Süßigkeiten. Bei Töchtern kommt meist Kleidung dazu, bei Söhnen Computersachen.

Was man unter 18 kaufen darf

Das Bürgerliche Gesetzbuch (BGB) ermöglicht ausdrücklich, dass Jugendliche Sachen kaufen können, obwohl das Gesetz sonst sagt: Wer jünger als 18 Jahre ist, gilt als **eingeschränkt geschäftsfähig.** Das heißt: Die Eltern müssen zustimmen, wenn Jenny etwas Teures wie ein iPad kauft. Diese Vorschrift soll Kinder davor schützen, Geld an unseriöse Geschäftsleute zu verlieren.

Für nicht so teure Ausgaben macht der Paragraf 110 des BGB eine Ausnahme: Das Taschengeld kann man ab sieben Jahren ausgeben, ohne die Eltern zu fragen. Sie können den Kauf der Computergames oder der Jumbo-Chipstüte nicht rückgängig machen. Anders ist es, wenn du regelmäßig etwas zahlen musst, etwa für einen **Handyvertrag**. Da müssen die Eltern zustimmen.

Ansonsten kann der Jugendliche selbst einen **Kaufvertrag** abschließen. Ein Vertrag steht hinter jedem Kauf. Selbst wer nur am Kiosk einen Kaugummi ordert, schließt damit einen Kaufvertrag. Mündlich, oder auch nur, indem er das Geld hinlegt. Wenn es um teure Produkte geht, sind die Verträge meist schriftlich. Falls es Ärger gibt, kann jeder nachschauen, welche Bedingungen gelten. Verträge schützen Mehmet davor, dass er zahlt – und der Verkäufer das Game trotzdem nicht herausrückt. Der Kaufvertrag bestimmt Rechte und Pflichten. Jenny hat als Käuferin die Pflicht, zu bezahlen. Wer zahlt, hat einen Anspruch auf den Gegenstand. Zur Not kann sie den Verkäufer verklagen, damit sie die Sache bekommt – oder zumindest ihr Geld zurück.

Verträge stehen hinter den meisten Aktionen im Wirtschaftsleben. Sie ermöglichen viele Geschäfte. Dem Verkäufer am Kiosk vertraut Jenny einfach so. Wenn er den Kaugummi nach dem Bezahlen nicht rausrückt, spricht sich das im Viertel rum. Anders sieht es bei Geschäften aus, die nicht über die Ladentheke oder die Supermarktkasse gehen. Die kommen im Wirtschaftsleben häufig vor.

Warum soll Mehmet der Firma in den USA vertrauen, dass sie ihm das Computergame liefert, wenn er bezahlt hat? Ein üblicher Kaufvertrag sagt, dass sie das tun muss. Und falls sie es liefert, bevor er bezahlt? Dann gehört das Spiel der Firma, bis Mehmet das Geld von seinem Bankkonto überwiesen hat. So haben beide Seiten Sicherheit. Ohne Verträge kämen viele Käufe nicht zustande. Die Unternehmen würden weniger Produkte herstellen, und es gäbe weniger Arbeitsplätze in den Fabriken.

Am Taschengeld lassen sich ein paar Dinge erkennen, die für Geld typisch sind. Es eröffnet Möglichkeiten – und es gibt manchmal Konflikte. Eltern wollen vielleicht weniger geben, als Kinder gerne hätten. Genauso wollen Unternehmen meist weniger zahlen, als die Menschen fordern, die dort arbeiten. Was noch auffällt, sind die Unterschiede: Mancher gibt mit hohem Taschengeld oder teurer Kleidung in der Schule an. Mancher hat wenig, weil seine Eltern wenig verdienen.

Solche Unterschiede sind verbreitet. Es gibt weltweit ungefähr 20 Millionen Menschen, denen eine Million Euro oder mehr gehört. Eine Million, mit so einer Summe kann man in einer Großstadt wie Hamburg oder München vielleicht ein Haus für eine Familie kaufen. 20 Millionen Menschen ist eine riesige Zahl: 20 000 000. So viele Menschen leben in Österreich und Tschechien zusammen.

Noch größer ist die Zahl der Menschen, die hungern: 700 Millionen. Sie haben zu wenig Geld, um sich genug Lebensmittel zu kaufen. 700 Millionen, das ist so viel wie die Bevölkerung Deutschlands, der USA, der Türkei und Brasiliens zusammen.

Wie kann es sein, dass manche Menschen hungern, während andere mehr haben, als sie brauchen, und das Geld für Privatflugzeuge oder Juwelen ausgeben? Solche Unterschiede gibt es, seit Menschen auf der Erde leben. Schon in der Bibel geht es um Ungerechtigkeit und Ausbeutung. Wie sich die Welt verbessern lässt, steht in den Kapiteln 4 bis 6.

Menschenopfer und Blutrache: Woher das Geld kommt

Aber woher kommt das Geld überhaupt? In Form von Münzen ist es 3000 Jahre alt. Damals prägte ein Volk in der heutigen Türkei die ersten Goldmünzen – wahrscheinlich, weil es anstrengend war, die vielen Soldaten mit Lebensmitteln zu versorgen. Der Herrscher gab ihnen Münzen, und die Soldaten kauften sich das Essen selbst. Die Münzen aus Gold, das schön leuchtete, gefielen jedem.

Geld gab es aber schon, bevor es Münzen gab. Es entwickelte sich wohl aus der Religion. Manche frühen Völker töteten Menschen als Opfer, um ihre Götter zu besänftigen, vor denen sie große Angst hatten. Dann kamen sie darauf, statt der Menschen Rinder zu opfern. Das rettete Leben, zumindest die der Menschen. Opferrinder wurden sozusagen das erste Geld. Mit ihnen rechnete man. Wie viele Tiere sind den Göttern zu opfern? Diese Maßeinheit wurde dann auch für anderes verwendet.

Geld sorgte oft für Fortschritt, der Leben rettete – auch bei den Germanen, den Vorfahren der Deutschen. Die tranken viel Alkohol und versenkten Leute im Sumpf, die nicht kämpfen wollten. Wer jemanden beleidigte oder verletzte, verlor schnell das Leben, und die Blutrache war verbreitet. Dann kam das Wergeld auf, das zahlte, wer jemanden beleidigt, verletzt oder sogar getötet hatte. Dadurch blieb er am Leben. Die Wörter «Geld» und «Vergeltung» hängen miteinander zusammen. Später, beim Volk der Irokesen in Nordamerika, schickte die Familie eines Mörders einen Wampum-Gürtel an die Familie des Opfers. So gab sie offiziell die Schuld am Mord zu. Wampums sind Perlen aus Seeschnecken. Sie waren vermutlich das erste Geld in Nordamerika, bevor die weißen Siedler kamen und die Ureinwohner fast ausrotteten.

Wie die Menschen die Wirtschaft erfanden

Geld entstand also nicht, damit die Wirtschaft besser läuft. Aber es erwies sich schon vor vielen tausend Jahren als wirtschaftlich sinnvoll.

In der Steinzeit waren die Menschen Jäger und Sammler. Sie lebten in Gruppen zusammen. Die einen passten auf die Kinder auf und kochten, die anderen suchten oder jagten etwas zu essen. Die ganze Gruppe sorgte für Essen, Höhle, Kleider oder besser gesagt: Felle. Keiner brauchte Geld, um etwas zu kaufen. Die Menschen trafen auch selten jemanden, von dem sie etwas hätten kaufen können. In manchen Jahren fanden die Steinzeitmenschen genug Beeren, Körner, Fische und Wild, in anderen hungerten sie. Irgendwann zogen sie in eine andere Gegend, aber vielleicht fanden sie auch da zu wenig Nahrung. Es war ein armes, gefährliches, kurzes Leben.

Das änderte sich, als die Menschen die **Landwirtschaft** entdeckten. Sie begannen vor etwa 10 000 Jahren, Weizen oder Reis anzubauen. Sie säten Körner und konnten ein paar Monate später ernten. Daraus machten sie Brei und Suppe oder eine Art Brot. Dafür mussten die Menschen ihr Leben völlig umkrempeln. Als Ackerbauern mussten sie Körner für das Säen aufheben, statt diese aufzuessen. Sie richteten sich nach der Natur. Die Körner mussten zur richtigen Jahreszeit in den Boden gelegt werden – nicht zu hoch, sonst wurden sie vom Regen weggespült oder von Tieren ausgebuddelt, nicht zu tief, sonst blieben Weizen oder Reis in der Erde stecken. Die Menschen mussten sich darum kümmern, dass ihr Getreide genug Wasser und Sonne bekam, ohne zu ertrinken oder zu verbrennen.

Das klingt mühsam und war es auch. Aber es war ein Fortschritt. Die Beschaffung von Nahrung wurde halbwegs planbar. Als Bauern hielten sich die Menschen genau an Abläufe und Jahreszeiten. Es war eine geregelte Arbeit. Es war die **Erfindung der Wirtschaft.**

Nun hatte man eine geplante, gezielte Produktion der täglichen Nahrung, die den Menschen mehr Sicherheit gab. Sie konnten Reis für den Winter aufheben. Da hatten sie früher oft gehungert, weil Beeren im Schnee erfroren und Bären Winterschlaf hielten. Weil sie das Leben der Menschen erleichterte, wird die Erfindung der Wirtschaft durch Landwirtschaft auch als «Revolution Jungsteinzeit» oder «Neolithische Revolution» bezeichnet. «Jung», weil die Steinzeit bald zu Ende ging, «Revolution», weil sie das Leben der Menschen völlig umkrempelte. Sie veränderte das Leben insgesamt zum Besseren, auf die Nachteile kommen wir noch zu sprechen. Das Ganze geschah natürlich nicht von heute auf morgen. Es dauerte Tausende Jahre, in denen die Menschen auch weiter auf die Jagd gingen.

Bei der Erfindung der Landwirtschaft zeigt sich eine **wirtschaftliche Grundregel**: mit möglichst wenig Arbeit und Kosten möglichst viel produzieren, konsumieren, Nutzen erzielen. So handeln Menschen, so handeln Firmen – und ganze Staaten.

Ökonomie: Aus wenig viel machen

Die Wissenschaft davon, wie Wirtschaft funktioniert, heißt Ökonomie. Das kommt vom griechischen Wort für Haushaltsführung. Es geht um den Umgang mit **Knappheit**. Es ist nie genug von allem da. Den meisten Menschen fehlt es an etwas: an Zeit, an Geld, an Produkten. Unternehmen fehlt es an Ideen, Rohstoffen oder Arbeitskräften. Ökonomen versuchen herauszufinden, wie man aus wenig möglichst viel macht. Es geht darum, wie man das an Geld, Rohstoffen oder Arbeitskraft Vorhandene so einsetzt, dass man möglichst viel produzieren oder konsumieren kann. Kein Wunder, dass man sagt, eine Aufgabe solle «ökonomisch» bewältigt werden, das heißt: mit möglichst wenig Aufwand.

Wenn alles im Überfluss vorhanden wäre, müssten sich die Menschen weniger Gedanken machen. Aber viele Dinge sind knapp. Bei den Steinzeitmenschen war die Nahrung knapp. Das war ein typischer Grund, über das Wirtschaften nachzudenken.

Interessant ist, *wo* die Wirtschaft erfunden wurde. Die Menschen im **Westen**, wozu vor allem Europa, Nordamerika und Australien gerechnet werden, sind heute wirtschaftlich sehr erfolgreich. Manche halten sich Afrikanern oder Asiaten gegenüber für überlegen. Das Wirtschaften haben die Westler aber nicht erfunden. Die Landwirtschaft begann vor 10 000 Jahren in den Gebieten der heutigen Länder Türkei, Iran, Irak und Syrien.

Aus einigen dieser Länder kamen ab 2015 viele Flüchtlinge nach Deutschland. Sie wurden nicht immer freundlich empfangen. Die Vorfahren der Deutschen lebten jahrtausendelang sehr rückständig, während andere den Ackerbau erfanden. Als es im römischen Weltreich vor 2000 Jahren kilometerlange Wasserleitungen und beheizte Bäder gab, liefen die Germanen noch in Felle gehüllt mit Keulen durch den Wald. Die Geschichte erinnert einen daran, lieber nicht arrogant aufzutreten. Die Reichen von heute sind oft die Hinterwäldler von gestern und womöglich die Hinterwäldler von morgen.

Als die Menschen die Wirtschaft erfanden, begann noch etwas anderes: Sie teilten sich die Arbeit immer stärker auf. Manche pflanzten Weizen oder Reis, andere kümmerten sich um Schafe, Kühe und Schweine für Wolle, Milch und Fleisch. Vorher hatten alle zusammen gejagt und Pfeile hergestellt, jetzt spezialisierten sie sich. Auch diese **Arbeitsteilung** war ein Fortschritt. Wer nur eine Tätigkeit ausübt, lernt sie besser und schafft dann mehr.

Der schottische Ökonom **Adam Smith** rechnete vor 250 Jahren vor, wie sich die Arbeitsteilung auswirkt. Als Beispiel nahm er eine Stecknadelfabrik. Macht ein Arbeiter alle Schritte der Nadelproduktion selbst, stellt er 14 Nadeln am Tag her. Wenn die Herstellung auf viele Schritte aufgeteilt wird, die 10 verschiedene Arbeiter erledigen, können diese jeden Tag 48 000 Nadeln herstellen, also *jeder* von ihnen 4800 Nadeln.

Arbeitsteilung bringt einen enormen Fortschritt. Die meisten Produkte, die wir in unserem Alltag gewohnt sind, könnte kein Mensch allein herstellen. Er hätte wohl auch nicht allein die Maschinen erfunden, die so viel von der Arbeit erledigen. Er hätte gar nicht die Zeit gehabt, sich zu überlegen, wie Ackerbau einfacher wird: durch einen Pflug, eine der ersten Maschinen.

Die drei Funktionen des Geldes

Das Geld ist für den wirtschaftlichen Erfolg zentral. Bevor es Geld gab, tauschten die Menschen Güter. Aber je mehr Arbeitsteilung es gab, desto anstrengender war das.

Ein Bauer braucht ein neues Dach, weil der Sturm das alte weggerissen hat. Er könnte dem Bauarbeiter Weizen geben, damit der das Dach erneuert. Der Bauarbeiter hat aber schon Weizen. Er möchte Fleisch. Also müsste der Bauer seinen Weizen gegen das Fleisch des Viehzüchters tauschen, um Fleisch für den Bauarbeiter zu haben. Der Viehzüchter will aber keinen Weizen, er braucht Schuhe. Also müsste der Bauer dem Schuster Weizen geben, damit er Schuhe bekommt. Die gibt er dem Viehzüchter für das Fleisch, das der Bauarbeiter für das Dach haben will …

Und so eine Tauscherei für alles Mögliche, jeden Tag? Geld löst diese Probleme. Der Getreidebauer verkauft seinen Weizen auf dem Markt. Dafür bekommt er Geld. Das gibt er dem Bauarbeiter, damit der sein Dach baut. Der Bauarbeiter kauft mit dem Geld Fleisch. Von dem Geld kauft der Viehzüchter die Schuhe. Die erste Funktion von Geld ist, als **Zahlungsmittel** das Leben zu erleichtern.

Geld löst noch ein Problem: Wie viel Weizen muss der Bauer dem Schuster für die Schuhe geben, wie viel Fleisch der Viehzüchter dem Bauern für die Schuhe und so weiter? Mit Geld bilden sich **Preise** für alle diese Produkte, und zwar zuverlässig. Weil nicht nur selten mal ein Tausch Weizen gegen Schuhe stattfindet, bei dem sich das Tauschverhältnis schwer bestimmen lässt, sondern Menschen ständig Geld für Weizen, Schuhe oder Fleisch bezahlen. So pendelt sich ein Preis ein, den Käufer zu zahlen bereit sind. Geld funktioniert also zweitens als **Recheneinheit**. Es gibt für die meisten Produkte, die man kauft, einen exakten Preis in Euro. Das macht es einfach, sich sein Geld einzuteilen.

Jenny hat 100 Euro von Opa für ihr gutes Zeugnis bekommen. Sie hat sich einen Roman von Sally Rooney gekauft. Wenn sie jetzt die Hose für 85 Euro kauft, hat sie nichts übrig. Nimmt sie dagegen die Hose für 70 Euro, könnte sie noch am Wochenende mit den Freundinnen in den Club. – Wenn die Hosen keinen Preis in Geld hätten, wäre alles schwieriger. Die Hosenfirma müsste die Hose gegen Grafiken tauschen, die Jennys Mutter zeichnet. Aber Jennys Mutter kann die Grafiken erst in sechs Monaten liefern, weil sie so viele Aufträge hat. Das akzeptiert die Firma nicht, und Jenny bekommt die Hose nicht.

Wenn wir mit Tauschen wirtschaften würden, hätten wir diese Probleme ständig. Geld hilft, die Zeit zu überwinden. Es funktioniert drittens als **Wertspeicher**.

Mehmet spart Geld für ein neues Smartphone. Das dauert, weil es ein paar Hundert Euro kostet. Er hat zwar gerade mehr Taschengeld herausgehandelt, aber das reicht nicht. Also hilft er jeden Samstag beim Metzger aus. Was wäre, wenn der Metzger Mehmet für seine Plackerei Fleisch geben würde? Fleisch lässt sich nicht monatelang aufheben, bis Mehmet genug davon hat, um es gegen ein Smartphone zu tauschen. Mehmet kann also nicht Fleisch ansparen, bis er genug zusammenhat.

Geld als Wertspeicher ermöglicht es, zu **sparen**, das Geld also für einen späteren Zeitpunkt aufzuheben, um sich seine Wünsche zu erfüllen.

Zahlungsmittel, Recheneinheit, Wertspeicher: Ohne Geld würde die moderne Welt mit ihren täglich Milliarden Käufen, wo fast jedes Produkt nur ein paar Klicks auf dem Handy entfernt ist, nicht existieren. Die Sneaker, die du gerade bestellst, werden Tausende Kilometer weit weg in Asien hergestellt. Es ist kein Problem, sie zu kaufen. Wie gut, dass wir nicht mit Fleisch und Weizen hantieren müssen.

Schon vor Tausenden von Jahren lernten die Menschen, Geld zu schätzen, als sie mehr Handel trieben. In der Steinzeit sorgte die Gruppe für alles, was einer brauchte. Als die Menschen Bauern wurden, fingen sie an, Überschüsse zu produzieren. Sie begannen, sich für Waren zu interessieren, die von weiter weg kamen. Vielleicht konnten andere Menschen ein besonders schönes Tongeschirr herstellen. Oder sie hatten ein Gewürz, das es im eigenen Dorf nicht gab, mit dem aber das Essen viel besser schmeckte.

Durch Handel bekommt man Dinge, die man nicht hat oder noch gar nicht kennt. In jahrtausendealten Gräbern fanden sich Schmuck und andere Gegenstände aus Regionen, die Tausende Kilometer entfernt waren. Das zeigt, dass die Menschen damals schon handelten. In Israel zur Zeit von Jesus spezialisierten sich manche Bauern auf bestimmte Produkte, etwa auf

Olivenöl. Sie verkauften es bis an den Rhein, mehr als 3000 Kilometer entfernt.

Gehandelt wurde auch, was in einer Region knapp war und in einer anderen Region reichlich wuchs oder was ein Handwerker besonders geschickt herstellte, etwa Wein, Kleidung und Schmuck. Oder was er besonders billig produzierte. Welche Vorteile Handel ganzen Staaten bringt, darum geht es in Kapitel 5.

Wie Wirtschaften Wohlstand schafft

Damit Wirtschaften erfolgreich ist, müssen mehrere Dinge zusammenkommen:

- Gezieltes Produzieren, so wie bei der Erfindung der Landwirtschaft
- Rechtliche Sicherheit etwa durch Verträge
- Die Spezialisierung von Menschen durch Arbeitsteilung
- Handel mit Produkten, die andere besser herstellen können
- Maschinen, die die Arbeit erleichtern
- Und Geld

Das alles wirkt so zusammen, dass viele Menschen heute ein angenehmes Leben führen. Sie haben **Wohlstand**: ein hohes Einkommen, bessere Lebensumstände und viel mehr Produkte als früher.

Bis es so weit war, dauerte es seit den Anfängen der Landwirtschaft vor 10 000 Jahren lange. Jahrtausende und Jahrhunderte hindurch ging es extrem ungerecht zu: Die meisten Menschen waren sehr arm. Im antiken Griechenland und im Römischen Reich erledigten Sklaven die Arbeit. Erst im Europa des 20. Jahrhunderts setzte sich Demokratie durch, also von allen Bürgern frei gewählte Regierungen. Bis dahin bestimmten Könige, Adlige und Fabrikbesitzer über die Bevölkerung.

Um wirklich Wohlstand für viele zu schaffen, waren zwei große Entwicklungen nötig. Erstens die Industrialisierung ab dem 18. Jahrhundert, dank der mit Maschinen mehr Waren produziert werden können. Wohlstand für viele Einwohner gibt es vor allem in den sogenannten **Industriestaaten**. Dazu zählen Nordamerika, Australien, der größte Teil Europas, Japan, Südkorea und einige andere Länder in Asien und Südamerika.

Damit die große Wirtschaftsleistung wirklich zu Wohlstand für die breite Bevölkerung führte, war eine zweite Entwicklung nötig: Arbeiterparteien, Arbeitnehmervertretungen wie Gewerkschaften und demokratisch gewählte Regierungen, die höhere Löhne, soziale Leistungen und Steuern für Reiche durchsetzten. Das taten sie gegen großen Widerstand der Besitzenden, die wenig abgeben wollten. Mehr dazu in Kapitel 4.

Hier lässt sich schon einmal festhalten, was erreicht ist. Viele Menschen können eine Unmenge Produkte kaufen. Sie wohnen in einem bequemen Zuhause. Sie fahren in den Urlaub. Sie haben Ärzte und Medikamente, die Krankheiten kurieren, an denen man früher schnell starb. Sie werden dreimal so alt wie früher. Was für ein Gegensatz zur Jungsteinzeit, als die Menschen mit 25 bis 30 Jahren starben und ständig Zahn- und Bauchschmerzen hatten!

Das ist kein Zufall, sondern der Erfolg des modernen Wirtschaftens. Jenen Völkern zum Beispiel, die heute noch annähernd so leben wie früher, fehlen die meisten unserer Annehmlichkeiten. Das heißt nicht, dass die Menschen in den Industriestaaten glücklicher sind. Es bedeutet aber: Das moderne Wirtschaften ist gut darin, viele Bedürfnisse zu befriedigen. Wirklich zufriedenstellend für den Großteil der Bevölkerung klappt das allerdings nur in den Industriestaaten. Viele Menschen in Afrika, Südamerika und Asien leben nach wie vor in Armut.

Läuft in der heutigen Wirtschaft nicht viel falsch?

Mehmet protestiert: Anders als die Naturvölker zerstören wir mit unserem Wirtschaftsmodell die Umwelt. Und dieser ganze Konsum macht uns doch nicht glücklich. Außerdem sind manche Menschen superreich, und andere haben wenig. Das ist doch ungerecht!

Kein Zweifel: Am Zustand der Welt lässt sich viel kritisieren. Wir reden darüber ausführlich in den Kapiteln 4 bis 6. Auch darüber, was sich gegen all das Ungleiche und Ungerechte tun lässt. Zunächst soll es hier aber um die Mechanismen der Wirtschaft gehen, auch um die Aspekte, wo du als Konsument und künftiger Arbeitnehmer oder Unternehmer betroffen bist.

Schon vor Mehmet gab es zu allen Zeiten viel Kritik an diesem Wirtschaftsmodell. Sie entzündete sich speziell am Geld. Goldmünzen waren ein sichtbares Zeichen für die Unterschiede, die bald entstanden.

In der Steinzeit waren die Unterschiede gering. Als die Menschen zu Bauern wurden, änderte sich das. Einer produzierte viel, kaufte zusätzliches Land und produzierte noch mehr. Einem anderen zerstörte Hagel die Ernte. Er musste sein Land hergeben und für den ersten Bauern arbeiten. Als das geplante Wirtschaften das zufällige Leben der Steinzeitmenschen ablöste, nahmen die Unterschiede zu.

Mit dem Geld ist es wie mit anderen Elementen des Fortschritts: Es kommt drauf an, was der Mensch daraus macht. Es erleichtert das Wirtschaften, aber es führt auch zu negativen Entwicklungen: Manche Menschen gieren nach Geld. Sie stellen es über ihre Freunde oder Familie. Sie betrügen oder töten, um an das Geld anderer zu kommen.

Die spanischen Eroberer Südamerikas quälten die Ureinwohner, weil sie besessen von Gold und Silber waren. Die Ureinwohner verstanden das nicht. Der Stamm der Mapuche im heutigen Chile goss nach einer gewonnenen Schlacht dem spanischen Gouverneur flüssiges Gold in den Mund. «Sieh her, was nutzt dir jetzt dein Gold, für das du uns quälst?»

Aber wäre es klug, Geld zu verbieten? Man würde das Wirtschaften komplizierter machen. Denk daran, was du vom Einkaufen über die Handyrechnung bis zur Zugbuchung so alles damit machst. Wie soll das ohne Geld gehen? Und wie schwierig wäre es für einen Konzern, der sein Geschäft in 150 Ländern mit Millionen Kunden betreibt. Würde man die Gesellschaft ohne Geld bessermachen? Auch als es noch keins gab, kam es zu Mord und Unterdrückung.

Aus der Gier lässt sich aber eine Lehre ziehen. Die Menschen müssen ein politisches System errichten, das den Missbrauch des Geldes so weit wie möglich unterbindet. Mit Gesetzen, die verhindern, dass Unternehmen Kunden betrügen, dass Hauseigentümer zu viel Miete verlangen, dass Reiche immer reicher werden, während andere wenig haben. Wie das in Deutschland unter dem Namen Soziale Marktwirtschaft versucht wird, darüber reden wir in Kapitel 4.

Eine ganz praktische Frage war für die Menschen schon früh, wie ihr Geld aussehen sollte. Anfangs benutzten sie Zahlungsmittel wie Rinder oder Reis. Aber die Rinder starben irgendwann. Der Reis verdarb. Sie brauchten etwas Beständiges. Die Mikronesier auf ihren Inseln im Pazifik benutzten große Räder aus Stein, die lange hielten. Es sollte ihren Wert demonstrieren, dass es mühsam war, die tonnenschweren Teile zum Empfänger zu bringen. Aber dieses Gewicht war natürlich ein Nachteil. Praktischer waren da harte Kauri-Schneckenhäuser, die sich in den Ländern des Indischen Ozeans als Zahlungsmittel verbreiteten. Bald war wichtig, dass das Geld edel aussah und selten war. So kam man auf Gold, das leuchtete wie die göttliche Sonne. Das trug dazu bei, dass die Menschen dem Geld vertrauten.

Auch heute müssen die Menschen dem Geld vertrauen, sicher sein, dass sie dafür die Produkte bekommen, die sie haben wollen.

Mehmet bekommt für seine Arbeit beim Metzger Geld. Aber nehmen wir an, der Hersteller des Smartphones, das er kaufen möchte, will das Geld nicht annehmen. Mehmet fühlt sich betrogen. All die Arbeit vergeblich. Wenn so etwas öfter passiert, klemmt es in der ganzen Wirtschaft.

Im Römischen Reich vor 2000 Jahren war Münzgeld üblich. Im Mittelalter kehrten die Menschen lieber wieder zum Tauschen zurück. Sie benutzten sogar Mägde, also Dienerinnen, als Recheneinheit. Auch als das Geld zurückkehrte, gab es Probleme, etwa in Frankreich. Da wurde 1286 Philipp II. mit 17 Jahren König. Er begann viele Kriege, für die er Geld brauchte, immer mehr Geld. Deshalb ließ er das Gold in den Münzen durch billiges Kupfer ersetzen. Die Franzosen fingen an, dem Geld zu misstrauen, und sammelten lieber Gold.

Wenn es in einem Land aber kein allgemein akzeptiertes Geld gibt, wird die Wirtschaft gebremst. Die Menschen werden am Ende ärmer.

Warum das Geld heute unsichtbar ist

Damit die Menschen dem Geld vertrauen, darf heute nur der Staat offizielle Münzen und Scheine herausgeben. Das Geld in einem bestimmten Land heißt **Währung**. In den USA ist es der **Dollar**. In Deutschland ist wie in vielen anderen Staaten Europas der **Euro** das **gesetzliche Zahlungsmittel**. Das bedeutet, Mehmet kann ganz sicher sein, dass er für das mühsam beim

Metzger verdiente Geld sein Smartphone bekommt. Der Hersteller darf nicht sagen: Ich nehme keine Euro.

Der Euro ist die gemeinsame Währung verschiedener Länder. Diese Staaten hatten früher eine eigene nationale Währung. Die Deutschen hatten die Mark, die Italiener die Lira, die Franzosen den Franc. Nun haben sie eine Währungsunion. Die Vorteile liegen auf der Hand: Du kannst in den Urlaub nach Italien fahren, ohne Geld zu wechseln. Eine deutsche Firma kann leichter ihre Waren ins Ausland verkaufen.

Euros werden von der **Europäischen Zentralbank** (EZB) ausgegeben. Auf dem Schein findest du die Unterschrift der Präsidentin oder des Präsidenten. Lange Jahre hieß der EZB-Präsident Mario Draghi, er kürzt sich auf den Euro-Scheinen MDraghi ab. Seine Unterschrift steht unter der blauen Europaflagge mit den gelben Sternen. 2019 folgte ihm Christine Lagarde. Sie kürzt sich ChLagarde ab.

Staatliche **Zentralbanken** sind entscheidend für das Vertrauen ins Geld. Stell dir vor, der **Kurs** des Euro fällt gegenüber dem Dollar. Das heißt: Statt einem Euro pro Dollar musst du zwei Euro zahlen, um einen Dollar zu bekommen. Der Euro ist weniger wert. Die Europäische Zentralbank kann aber etwas dagegen tun. Wenn der Kurs des Euro fällt, kauft sie Euro. Der Kurs steigt wieder. Was bedeutet es für den Wert des Euro und für dich, wenn die Preise von Waren stark steigen? Das nennt man Inflation, darum geht es in Kapitel 7.

Jenny fragt: Wenn Vertrauen ins Geld wichtig ist, dann kann mit dem Geld heute etwas nicht stimmen. Das meiste liegt auf der Bank und ist unsichtbar. Es sind nur Zahlen auf dem Kontoauszug. Kann man dem wirklich vertrauen?

Ab zwölf Jahren darf man bei vielen **Banken** ein Konto eröffnen. Das ist meist ein **Girokonto**. Man bekommt eine Girokarte (**Girocard**), früher: **EC-Karte**. Damit kann man Geld abheben. Man kann außerdem über sein Smartphone oder das Notebook online auf das Konto zugreifen und sehen, wie viel Geld man hat. Aber wer garantiert das?

Wenn Jenny ihr Geld auf die Bank bringt, vertraut sie ihr. Sie glaubt daran, dass sie das unsichtbare Geld jederzeit in Euro-Scheine verwandeln kann, um einzukaufen. Sie geht einfach zum Geldautomaten, schiebt die Karte in den Schlitz, tippt ihre Geheimzahl ein und bekommt 200 Euro.

Das ist kein Zufall. Jenny hat einen vertraglichen Anspruch gegen die Bank: Sobald sie das will, muss die Bank ihr das unsichtbare Geld auf dem Konto in Scheinen und Münzen auszahlen. Tut sie das nicht, kann Jenny vor einem Gericht klagen.

Jenny will auch wissen, was mit dem Geld ihrer Mutter passiert. Die hat auf ihrem Konto ein paar zehntausend Euro, mühsam verdient. Was ist, wenn die Bank pleite geht? Ist dann das Geld verloren?

Ob das Geld bei einer Pleite der Bank verloren ist, kommt auf die Summe an. Bei deutschen Banken sind per Gesetz 100 000 Euro pro Kunde geschützt. Der Kunde oder die Kundin bekommt das Geld durch die sogenannte **Einlagensicherung** zurück. Das ist ein System, in das die Banken einzahlen müssen. Die meisten Banken sind darüber hinaus Mitglied in einer freiwilligen Sicherung. Dabei sind dann noch höhere Summen der Kunden geschützt. Der Verband der privaten Banken sagte deshalb schon vor Jahren: Durch die Pleite einer deutschen Bank hat bisher kein Sparer seine Kontoeinlagen verloren.

Aber ist es nicht ungewöhnlich, dass Geld unsichtbar ist? Nein. Heute ist das meiste Geld unsichtbar. Unsichtbar ist Geld nämlich einfacher zu handhaben. Stell dir vor, deine Eltern müssten jedesmal die Miete in bar abheben und dem Vermieter vorbeibringen, der eine Stunde entfernt wohnt. Sie machen lieber online eine Überweisung von ihrem Konto. Das gilt für Firmen mit ihren Geschäften genauso.

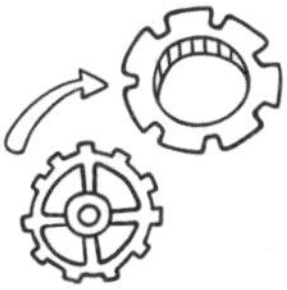

2. KAPITEL

Beruf und Arbeit: Was willst du werden?

So viele Möglichkeiten

Jenny kocht und backt gern, schon seit sie klein war. Beruflich wollte sie immer was anderes machen. Erst Ärztin, dann Lehrerin, dann DJane. Sie fragt sich aber: Kann ich von den Auftritten wirklich leben? Neuerdings überlegt sie, doch was mit Kochen zu machen. Sie findet, dass die Deutschen zu viel ungesundes Zeug essen, das dick macht. Sie möchte vegane Pizzas zubereiten. Wenn die Menschen weniger Fleisch essen, ist das besser fürs Klima. Ihre beste Freundin Sophie sagt aber: Eine Frau, die kocht? Das ist voll von gestern. Das kannst du nicht bringen.

Mehmet denkt auch öfter nach, was er werden will. Er bastelt an einer App herum, die Schülern beim Lernen helfen soll. Er findet, dass Lehrer den Stoff oft schlecht erklären, vor allem langweilig. Er möchte es besser machen, wenn er Professor für Geschichte wird (und dabei Geheimnisse von früher herausfindet, das ist sein Traum). Seine Freunde ziehen ihn deshalb auf. Kriegst du nie genug von Schule? Professor werden, echt jetzt? Das nervt Mehmet, weil er eh unsicher ist. Hält er ein langes Studium bis zum Ende durch? Und ihn interessieren ja auch andere Sachen. Er möchte gerne Menschen helfen, die in Not sind. Misshandelten Kindern. Oder Flüchtlingen.

Einen Beruf zu wählen ist gar nicht so einfach. Dabei ist egal, ob jemand wie Jenny als Pizzabäckerin **selbständig** wäre, also ihre eigene Chefin, oder wie Mehmet (und die meisten Menschen) als Professor **Arbeitnehmer**. Dann ist man bei einer Firma oder beim Staat angestellt und hat einen oder mehrere **Vorgesetzte**, die manches über einen entscheiden. Ganz wenige sind selbst der oberste Chef oder die Chefin. Mehr zu Selbständigen und Unternehmern steht in Kapitel 3.

Emma ist schon einen Schritt weiter als Jenny und Mehmet. Sie studiert seit zwei Jahren Medizin. Emma geht nicht immer gerne in die Universität. Manchmal findet sie eine Vorlesung doof, manchmal das Lernen stressig. Aber insgesamt ist sie ganz zufrieden. Sie findet es spannend, wie der Körper funktioniert und wie man Menschen bei Krankheiten oder Unfällen helfen kann. Es gefällt ihr auch, dass sie als Ärztin wahrscheinlich ganz gut verdienen wird.

Leon lernt seit einem Jahr Kfz-Mechatroniker. Das ist aus dem früher üblichen Kfz-Mechaniker entstanden, weil heute in Autos mehr Elektronik drin ist. Auch Leon mag grundsätzlich, was er in der Ausbildung tut. Er hat immer gerne an Mofas rumgeschraubt. Er bekommt als Azubi eine höhere *Ausbildungsvergütung* als in vielen anderen Berufen. Der Meister in der Autowerkstatt ist nett. Jedenfalls der neue, der für den alten Motzer gekommen ist, der in Rente ging. Manchmal behandeln Kunden in Anzügen Leon von oben herab, als ob sie etwas Besseres wären. Die könnten ihren Mercedes nie selbst reparieren! Aber das vergisst er dann wieder, legt sich unters Auto und schraubt.

Emma und Leon denken beide meistens, dass sie den richtigen Beruf ausgewählt haben. Das ist enorm wichtig, denn man arbeitet den größten Teil seines Lebens, oft acht Stunden am Tag. Einen Beruf zu haben, den man nicht mag, ist eine schwere Belastung.

Was bei der Berufswahl hilft

Ferienjobs machst du ja wegen des Geldes. Aber die helfen dir vielleicht auch zu entscheiden, was du beruflich willst.

Weil ich Keyboards für unsere Band brauchte, räumte ich als Schüler das Lager eines Kleiderladens auf. Ich sortierte in einer Autofabrik ölige Kleinteile, wobei ich hundert in der Stunde schaffen sollte. Keine Chance. Als Student baute ich auf dem Münchner Oktoberfest vollgekotzte Zelte ab. Das Geld fand ich hart verdient. Ich nahm mir vor, unbedingt Schule und Uni zu schaffen.

Andere finden solche körperliche Arbeit besser, als jahrelang unbezahlt für ein Studium zu lernen und dann, wie ich heute, als Journalist unter Zeitdruck Artikel zu schreiben. Ohnehin gibt es körperliche Arbeit, die mehr Spaß macht als meine Jobs damals. Ich hatte ja keine Ausbildung und musste daher das machen, was sonst keiner machen wollte.

Menschen sind verschieden. Das gilt auch bei der **Berufswahl.** Es lohnt sich, herauszufinden, was einem liegen könnte. **Berufsberater** kommen in Schulen und helfen einem dabei. Die **Bundesagentur für Arbeit** bietet Beratung an, mit Broschüren und Terminen. Es gibt Messen für Ausbildungsberufe und Studiengänge. Du kannst **Praktika** bei einer Firma oder beim Staat absolvieren. Oder da jobben und sehen, was die Leute machen und ob es dir gefällt. Auch wenn man ohne Berufsausbildung natürlich nicht richtig ran darf, sondern zuguckt oder Hilfsarbeiten macht. Ich habe nach der Schule für die Lokalzeitung geschrieben, für unverschämt wenig Geld. Und dabei gemerkt, dass das Schreiben für mich nicht verkehrt ist (aber ich wo hinmuss, wo ich mehr verdiene).

Klingt nach viel Mühe, die Berufsauswahl? Klar. Andererseits bestimmt kaum etwas dein Leben so wie die Arbeit. Besser, man findet selbst heraus, was zu einem passen könnte, als einfach dem Rat der Eltern zu folgen. Klar, die können dir gute Hinweise geben. Manche Eltern aber wollen ihre Wunschvorstellungen durchsetzen, die vielleicht gar nicht zu ihren Kindern passen.

Jenny hatte früher ganz andere Wünsche. Sie wollte Ärztin werden, weil sie es toll fand, Menschen gesund zu machen. Dann merkte sie, wie unangenehm es ihr ist, wenn jemand Schmerzen hat. Später wollte sie Lehrerin werden. Aber heute findet sie die Schule einen nervigen Ort. Sie kann sich nicht vorstellen, da ihr Leben zu verbringen. Wenn Jenny nachdenkt, interessiert sie einiges, was sie gern machen würde. Und sie findet, dass es verwirrend viele Berufe gibt. Das geht vielen jungen Menschen so. Aber die Auswahl ist auch was Positives.

Die längste Zeit der Geschichte blieb den Menschen nur, Jäger und Sammler zu sein. Danach waren viele Tausend Jahre lang die meisten Menschen Bauern. Was sie verdienten, reichte meist gerade zum Überleben. Heute steht wahnsinnig viel zur Auswahl. Wenn jemand einen Beruf gerne ausübt, spricht man sogar von Berufung.

Wie entstanden im Lauf der Zeit immer mehr Berufe? Weil die Menschen erkannten, welche Vorteile es bringt, sich zu spezialisieren. Vielleicht hast du mal versucht, Holz zu hacken. Je öfter du es versuchst, desto mehr Holzscheite schaffst du in einer Stunde. Wenn ein Bauer parallel dazu Weizen anbaut, sich um die Kühe kümmert, das Haus baut und die Familie medizinisch versorgt, kommt er wahrscheinlich zu nichts richtig. Um wie viel mehr Weizen erntet er, wenn er sich in die Geheimnisse des Ackerbaus versenkt, während jemand anderes seine Kühe hütet, sein Haus baut und sich um die Gesundheit seiner Familie kümmert.

In der modernen Wirtschaft sind die Menschen stark spezialisiert. Dein Deutschlehrer kann wahrscheinlich keine Windräder konstruieren, Software schreiben oder Kranke operieren.

Das machen Ingenieure, Programmierer und Chirurgen. Anders als früher gibt es kaum noch einen Arzt für alles, sondern Spezialisten für Herz, Lunge, Zähne und so weiter. Auch das ist ein Grund dafür, dass die Menschen nicht mehr jung an allen möglichen Krankheiten sterben.

Stärken und Schwächen einschätzen

Aber wie wählst du jetzt deinen Beruf aus? Das erste Kriterium ist, was dir Spaß machen könnte. Wichtig ist auch, was deine Stärken und Schwächen sind, was deine Fähigkeiten sind und was dir nicht so liegt. Die Leute von der Arbeitsagentur beraten dich im Gespräch. Und man kann online Berufsfelder kennenlernen. In Tests lässt sich herausfinden, was die eigenen Interessen und Stärken sind. Die Sachen sind gut aufbereitet, nicht so fad wie sonst bei Behörden. Es gibt auch Tipps, wie man sich um eine Stelle bewirbt.

Emma interessierte sich schon früh dafür, warum Menschen krank werden und wie man ihnen dann helfen kann. Vielleicht hat das damit zu tun, dass eine Freundin von ihr an Krebs erkrankte. Sie wurde durch zwei Operationen geheilt. Emma hat sich informiert, dass sie für ein Medizinstudium viel lernen muss. Das macht sie nicht immer gern. Aber wenn sie etwas wirklich will, ist sie auch gut darin. Emma hat sich überlegt, dass sie als Ärztin viel mit Menschen umgehen wird. Mit Patienten, die Schmerzen haben oder Angst. Sie hält sich für geduldig und freundlich. Das müsste also passen.

Es reicht leider nicht, zu wissen, was man möchte und kann. Es muss auch genug Leute geben, die dafür bezahlen wollen – so brutal sich das anhört. Viele Menschen singen oder tanzen gerne was vor. Meistens sind aber nicht genug Menschen bereit, die Titel zu hören oder auf Plattformen wie **YouTube** oder **TikTok** zu konsumieren. Viele Menschen können gut malen oder Fußball spielen, aber sie finden keine Käufer für ihre Bilder oder Profivereine, die ihnen einen Vertrag geben. Es interessieren sich auch mehr Menschen dafür, versunkene Städte auszugraben, als es Stellen für Archäologen gibt.

Um nicht unglücklich zu werden, solltest du eine Chance haben, vom gewählten Beruf leben zu können. Auch da geben die Leute von der Arbeitsagentur Tipps. Wenn du etwas wirklich unbedingt willst, kannst du natürlich jeden Beruf anstreben. Klar kannst du Sängerin werden, Profifußballer oder Archäologe. Du solltest nur vorher wissen, dass es nicht einfach wird.

Die nächsten Jahre sind günstig für den Berufsstart

Grundsätzlich fängst du dein Berufsleben in einer guten Zeit an. Unternehmen werden wahrscheinlich stärker um dich werben als um die Generation deiner Eltern. In den nächsten 20 Jahren gehen viele Beschäftigte in Rente, die in den 1950er- und 1960er-Jahren geboren wurden. Danach kamen weniger Kinder zur Welt. Deshalb wird es in Deutschland deutlich weniger Menschen im typischen Berufsalter bis Mitte 60 geben. Viele Unternehmen beklagen schon einen **Fachkräftemangel**. Das heißt, ihnen fehlen Bewerber. Die Zahl der Menschen im Berufsalter nimmt um 100 000 bis 200 000 pro Jahr ab. Überall dürften Leute fehlen, von Pflegekräften über Klimatechniker bis zu Hochschullehrern.

Theoretisch wäre es möglich, die Lücke komplett durch Menschen zu schließen, die einwandern. Allerdings gibt es gerade seit der großen Anzahl an Geflüchteten 2015/16 Streit um die **Migration**, und viele begehrte Ausländer wie Programmiererinnen oder Ärzte interessieren sich nicht für Deutschland. Sie gehen lieber in Länder wie die USA, weil sie in der Schule Englisch gelernt haben, aber nicht Deutsch.

Die nächsten Jahrzehnte dürften eine günstige Zeit sein, in den Beruf zu starten. Es gibt aber große Unterschiede, wie viel du verdienen kannst und wie gut deine Chancen sind, deinen Arbeitsplatz nicht zu verlieren. Es schadet auch nicht, zu überlegen, wie sich die Wirtschaft speziell bei Einstellungen technologisch verändert. Das fängt mit einfachen Dingen an. Unternehmen scannen heute neue Bewerber und Bewerberinnen für eine Stelle im Netz. Wenn sie auf Instagram lauter Fotos und Videos finden, wie der Bewerber mit Freunden säuft oder Drogen nimmt, wird das für ihn zum Nachteil, egal, wie alt die Posts sind.

Was verschiedene Ausbildungen bringen

Wie leicht man einen **Arbeitsplatz** findet, hängt stark von der **Qualifikation** ab. Damit sind die Kenntnisse für einen Job gemeint. Es fängt damit an, was für einen Schulabschluss du hast und welche **Berufsausbildung.** Also zum Beispiel wie Leon eine Lehre als Kfz-Mechatroniker oder wie Emma ein Medizinstudium. Oder eben gar keine Berufsausbildung.

Jeder Fünfte ohne Berufsausbildung landet in der **Arbeitslosigkeit.** 20 Prozent, das ist ein sehr hohes Risiko. **Geringqualifizierte** machen die Hälfte aller Arbeitslosen aus. Ganz anders bei denen, die wie Leon als **Auszubildender (Azubi)** ihren Abschluss machen. Bei ihnen liegt die Arbeitslosenquote nur bei etwa 3 Prozent. Von denen, die wie Emma als **Akademiker**in ein Studium abschließen, sind nur 2 Prozent arbeitslos. **Bildung** steigert die Chancen deutlich, einen Job zu finden.

Da hat sich in den vergangenen Jahrzehnten etwas verändert. Ungelernte ohne Berufsausbildung waren früher weniger in Gefahr, keinen Job zu finden oder ihn bald wieder zu verlieren. Vor gut 40 Jahren waren noch 40 Prozent der Arbeitnehmer ohne Berufsausbildung. Doch der technische Fortschritt hat viele ihrer Tätigkeiten überflüssig gemacht. Einfache Handlanger in der Fabrik gibt es kaum mehr. Das erledigen alles Maschinen. Die Menschen haben darauf reagiert. Inzwischen machen viel mehr eine Berufsausbildung als früher.

Allerdings startet immer noch etwa jeder Sechste ganz ohne Berufsausbildung ins Arbeitsleben. Diese Menschen haben es oft schwer. Das gilt auch für die 10 Prozent Schülerinnen und Schüler, die die Schule ohne Abschluss verlassen, egal, ob Hauptschule, Realschule oder Gymnasium. Sie finden oft keine Firma, die sie als Azubis nimmt. Die Unternehmen bevorzugen die mit **Schulabschluss.**

Wo es Aussichten auf mehr Gehalt gibt

Deine Ausbildung beeinflusst stark, wie hoch dein Lohn oder Gehalt ist. Die Begriffe bedeuten etwas Ähnliches. Früher sprach man von **Gehalt,** wenn es um Beamte und Angestellte im Büro ging. Also nicht um Arbeiter in der Fabrik, die **Lohn** bekamen. Das Gehalt ist meist eine feste monatliche Summe, während der Lohn stärker mit der Zahl der gearbeiteten Stunden schwankt. Allerdings haben sich diese Unterschiede verringert.

Was die Bezahlung betrifft, haben Wissenschaftler einiges herausgefunden. Jemand mit einer Berufsausbildung (oder **Lehre**) wie Leon verdient durchschnittlich 250 Euro mehr als jemand ohne. Und zwar nicht **brutto,** also bevor Steuern und Sozialversicherungsbeiträge abgezogen sind, sondern nach deren Abzug, also **netto.** Und zwar jeden Monat, sein ganzes Berufsleben lang. Wer nach einer Lehre zusätzlich einen Abschluss als **Meister** oder Techniker draufsetzt, verdient weitere 500 Euro mehr im Monat.

Noch besser bezahlt ist man mit einem Studienabschluss an einer Hochschule, also einer **Fachhochschule** (FH) oder **Uni-**

versität, die einen zum Akademiker macht. Ein(e) Arbeitnehmer(in) mit Fachhochschul-Diplom verdient im Schnitt 1100 Euro mehr als jemand mit Lehre. Und eine Uniabsolventin (wie die künftige Ärztin Emma) sogar 1700 Euro mehr.

Um durch ein Hochschuldiplom mehr Gehalt zu erreichen, musst du erst mal Zeit investieren. Mit einer Lehre nach der Realschule kannst du schon mit 16 Jahren Geld verdienen und von Eltern unabhängiger sein. Mit der Uni bist du erst mit Mitte zwanzig fertig.

Übrigens zahlt es sich finanziell aus, beim Studium nicht zu trödeln. Wer früh anfängt, verdient im Berufsleben 20 000 Euro mehr. Und zwar pro Jahr, das er früher fertig wird. Was dein Ding ist, musst du selbst entscheiden. Das Studium ist oft eine Zeit mit weniger Stress als das Berufsleben. Die lässt sich auch genießen. Du diskutierst mit Bekannten bis spät in die Nacht oder gehst feiern, so dass du die Vorlesung am Morgen lieber mal ausfallen lässt.

Die Unterschiede je nach Bildungsabschluss zeigen sich schon in den ersten Jahren des Berufs. Akademiker verdienen in den ersten drei Berufsjahren rund 3000 bis 4000 Euro im Monat. Das ist ein Drittel mehr als Arbeitnehmer ohne Studium. Der Anteil der Hochschulabsolventen unter den Beschäftigten hat sich seit 1975 verdreifacht – auf 20 Prozent.

UNGERECHTIGKEITEN BEIM STUDIEREN

Wer überhaupt studiert, ist auch eine soziale Frage. Ein sechsjähriges Studium kostet Eltern 30 000 Euro. Mindestens. Akademiker-Eltern, die ja mehr verdienen, wollen meist, dass ihre Kinder studieren. Drei von vier Kindern von Akademikern tun das auch, aber nur jedes vierte Kind aus einem Arbeiterhaushalt, was oft am Geld liegt. Das bedeutet, dass sich Unterschiede verfestigen. Jemand mit Eltern, die nicht so viel verdient haben, hat oft selbst kein hohes Einkommen. Das ist nicht gerecht. Denn es hat ja nichts damit zu tun, ob einer die nötigen Noten für die Hochschule hat.

Die Politik versucht, diese Ungerechtigkeit zu vermindern. Wessen Eltern nicht so viel verdienen, kann beim Staat einen monatlichen *Bafög*-Zuschuss beantragen. Allerdings hat die Politik das Bafög inzwischen reduziert. Es muss zur Hälfte zurückgezahlt werden. Das gilt bis zu einer Summe von 10 000 Euro.

Wie viel man in einzelnen Berufen verdient

Die bisherigen Berechnungen zeigen, dass man je nach Ausbildung unterschiedlich viel verdienen kann. Allerdings sind es Durchschnittswerte, denn tatsächlich gibt es viele Unterschiede. So zahlen große Unternehmen meist besser als kleine Firmen. In der Stadt bieten Arbeitgeber oft mehr Gehalt als auf dem Land, wo aber auch die Lebenshaltungskosten wie Miete niedriger sind.

Unterschiede existieren auch zwischen den einzelnen Berufen und zwischen Branchen. Firmen, die Ähnliches verkaufen, sortiert man zu *Wirtschaftsbranchen*. Restaurants und Imbisse gehören zur Gastronomie. Maler und Dachdecker gehören zur Baubranche. Supermärkte und Schuhgeschäfte gehören zum Einzelhandel. Banken und Versicherungen gehören zur Finanzbranche. In dieser Finanzbranche bringt eine abgeschlossene Berufsausbildung das größte Gehaltsplus gegenüber jemandem, der keine hat. Auch in der Verwaltung, also etwa beim Staat, ist das Plus hoch. In Restaurants, auf Bauernhöfen, bei Friseuren und Kosmetikerinnen dagegen ist der Gehaltsunterschied geringer.

Je nachdem, welchen Studiengang man gewählt hat, unterscheidet sich das Einkommen stark. Naturwissenschaftlerinnen, Informatiker, Ingenieurinnen, Juristen, Ärztinnen sowie Volks- und Betriebswirte verdienen schon als Berufsanfänger am meisten: um die 4000 Euro monatlich. In den Sprach- und Kulturwissenschaften sind es nur 3000 Euro.

Es spielt auch eine Rolle, in welcher Wirtschaftsbranche man arbeitet. Chemie, Autoindustrie oder Maschinenbau zahlen viel, bei Kultur, Werbung und sozialen Einrichtungen ist es deutlich weniger. Auf Seiten wie gehalt.de oder stepstone.de findest du Infos, was gerade so an Gehalt gezahlt wird.

Ein Studium ist aber keine Garantie dafür, am meisten zu verdienen. Architekten etwa sind zwar relativ gut bezahlt. Sie verdienen aber im Durchschnitt weniger als ein Meister, der einen eigenen Betrieb hat. Handwerker aller Art sind gefragt. Entsprechend viel können sie verdienen.

Was sie dir vom Lohn abziehen

Bist du als Arbeitnehmer angestellt, bekommst du dein Gehalt von der Firma aufs Konto überwiesen. Davon geht automatisch Lohnsteuer ans Finanzamt ab und automatisch auch eine ganze Menge **Sozialbeiträge**. Dieses Geld fließt in eine **Krankenversicherung**, die für deine medizinische Behandlung aufkommt, in eine **Arbeitslosenversicherung**, aus der du eine Zeitlang Geld bekommst, falls du deine Stelle verlierst, in eine **Rentenversicherung**, aus der du im Alter monatlich Rente bekommst, und in eine **Pflegeversicherung**, wenn du etwa im Alter ins Heim musst. Diese Versicherungen sind verpflichtend. Du kannst als Arbeitnehmer nicht auf sie verzichten. Die Sozialbeiträge kosten dich ziemlich viel Geld. Dein Arbeitgeber zahlt aber die gleiche Summe für dich ein. Früher, als es diese Absicherung nicht gab, ging es vielen Menschen schlechter. Mehr dazu in Kapitel 4.

Wie ist das mit den Abzügen, bevor du richtig in deinen Beruf einsteigst? Wenn du als Schüler einen Nebenjob machst, wie Mehmet samstags in der Metzgerei, oder in den Ferien arbeitest wie ich in der Autofabrik, gibt es eine Ausnahme. Verdienst du mit solchen Neben- oder Ferienjobs nicht mehr als etwa 10 000 Euro im ganzen Jahr, musst du dafür keine Steuern und keine Sozialbeiträge zahlen. Außer, du arbeitest mehr als 70 Tage im Jahr und verdienst mehr als 450 Euro im Monat. In manchen Fällen werden Steuern und Sozialbeiträge erst mal von deinem Neben- und Ferienjoblohn abgezogen, aber du bekommst sie später zurück, wenn du einen Antrag stellst.

Was und wer Arbeitnehmern hilft

Wie läuft es, wenn du wirklich im Beruf arbeitest? Wenn du eine feste Stelle anfängst, hast du in vielen Fällen eine Probezeit. Oft sind das sechs Monate. Danach ist dein Job ziemlich sicher. Solange du deine Arbeit machst, schützt dich ein Gesetz davor, dass die Firma dir einfach kündigt. Das **Kündigungsschutzgesetz** gilt für alle Firmen, die mehr als zehn Menschen beschäftigen. Ausnahmen gibt es etwa, wenn die Geschäfte so schlecht laufen, dass die Firma Personal abbauen muss. Es gibt noch weitere Gesetze, die Arbeitnehmern helfen. So sind sie zum Beispiel vor schlechter Behandlung durch Vorgesetzte geschützt oder vor ungesunden Arbeitsbedingungen. Und es gibt noch jede Menge weitere Schutzvorschriften. Strittige Fälle werden vor **Arbeitsgerichten** geklärt.

Und das Gehalt? Manche Arbeitnehmer verhandeln es direkt mit dem Arbeitgeber. Das kann von Vorteil sein, wenn jemand Qualifikationen hat, die gerade besonders gesucht sind. Oder wenn einen die Firma vom bisherigen Arbeitgeber abwerben will. Ansonsten fehlen aber vielen Arbeitnehmern die nötigen Informationen, wie viel ein Unternehmen ihnen wirklich zu zahlen bereit ist. Sie wissen nicht, wie viel Gewinn die Firma macht und wie dringend sie Personal braucht. Man nennt das **asymmetrische Information:** Der Arbeitgeber weiß mehr.

Asymmetrische Information gibt es in vielen wirtschaftlichen Fragen. Mehmet weiß als Käufer nicht, wie viel es die Firma kostet, ein Smartphone herzustellen, wie hoch also ihr Gewinn ist. Was er tun kann, um trotzdem nicht zu viel zu bezahlen, besprechen wir in Kapitel 3.

Was das Problem mit den fehlenden Informationen im Beruf angeht, gibt es eine Lösung. Es hat für viele Beschäftigte Vorteile, wenn eine **Gewerkschaft** für sie den Lohn aushandelt. Eine Gewerkschaft ist ein Zusammenschluss von Arbeitnehmern. Sie vereinbart mit den Unternehmen, die sich im **Arbeitgeberverband** zusammenschließen, einen **Tarifvertrag.** Um ihre Forderungen durchzusetzen, ruft sie manchmal zum **Streik** auf. Die Arbeitnehmer erscheinen nicht zur Arbeit, bis die Unternehmen auf ihre Forderungen eingehen. Oder ihnen zumindest entgegenkommen.

Tariflöhne regeln, wie Tätigkeiten in einer Wirtschaftsbranche bezahlt werden – ob bei Autoherstellern oder in Supermärkten. Wer Tariflohn bekommt, verdient für die gleiche Tätigkeit meist mehr als ohne.

Wenn viele Arbeitnehmer in die Gewerkschaft eintreten, hat diese mehr Macht, höhere Löhne durchzusetzen. Deshalb bezahlen Hersteller von Autos, Medikamenten oder Maschinen ihre Mitarbeiter meist ganz gut. Firmen, die etwas herstellen, zählen zur **Industrie.** In Industriefirmen sind viele Beschäftigte in einer Gewerkschaft organisiert. Deshalb bezahlt die Industrie oft besser als **Dienstleistungs**firmen, die Service aller Art bieten, so wie Supermärkte, Friseure oder Sportstudios.

Gewerkschaften erkämpften im Laufe der Industrialisierung, dass Arbeiter in Fabriken besser bezahlt (siehe Kapitel 4) und bessere Arbeitsbedingungen und kürzere Arbeitszeiten eingeführt wurden. Deshalb hat es für Beschäftigte in der Industrie Tradition, in die Gewerkschaft einzutreten.

Bei Dienstleistungen ist das nicht so verbreitet, was oft zu niedrigeren Löhnen führt – außer, jemand hat als Ärztin oder Unternehmensberater besonders gesuchte Qualifikationen.

In Unternehmen setzen sich **Betriebsräte** für die Interessen von Mitarbeitern ein. Die Betriebsräte werden alle paar Jahre von den Mitarbeitern gewählt. Sie müssen meist über Beförderungen und Kündigungen informiert werden. Sie reden mit, wenn das Unternehmen umstrukturiert wird und Jobs auf dem Spiel stehen. Werden viele Beschäftigte entlassen, muss es häufig einen **Sozialplan** geben: zum Beispiel Geld für die entlassenen Mitarbeiter.

Warum Frauen weniger verdienen

Frauen haben oft weniger Einkommen als Männer, was mit der Ausbildung meist wenig zu tun hat. Man spricht von Gehaltslücke oder **Gender Pay Gap**. Ärztinnen, Juristinnen und Wirtschaftswissenschaftlerinnen kommen in ihrem Berufsleben auf halb so viel Einkommen wie Männer im gleichen Beruf. Das hat mehrere Gründe. Zum einen setzen Mütter oft aus, wenn sie Kinder bekommen. Gerade nach einer längeren Pause ist es nicht leicht, in den Beruf zurückzukehren. Manche Arbeitgeber sind skeptisch, ob in der Zwischenzeit zu viele Kenntnisse verloren gingen. Zudem gibt es nach wie vor zu wenig Angebote zur **Kinderbetreuung** wie Kindergarten oder Ganztagsbetreuung in der Schule.

Es bestehen auch falsche finanzielle Anreize, die es den Frauen ganz schön schwer machen: Ein Ehepaar bekommt vom Staat den höchsten Steuervorteil (Ehegattensplitting), wenn eine(r) der beiden nicht arbeiten geht. Und wenn die Mutter wieder berufstätig wird, ist sie nicht mehr kostenlos in der Krankenversicherung des Partners mitversichert. Mancher

Ehemann argumentiert dann, es lohne doch gar nicht, dass die Frau arbeiten geht. So kehren viele Mütter gar nicht in ihren Beruf zurück oder nur in Teilzeit, wo sie weniger verdienen. Teilzeit heißt, zum Beispiel 20 oder 30 Stunden die Woche zu arbeiten, Vollzeit ist etwa 40 Stunden.

Frauen werden auch oft für die gleiche Tätigkeit schlechter bezahlt als Männer – und seltener befördert. Ungerecht, oder? Die männlichen Netzwerke funktionieren weiter ziemlich gut. Und die (meist männlichen) Personalchefs haben immer noch Vorurteile gegen Frauen.

In manchen Berufen werden Frauen aber genauso gut bezahlt wie Männer, so, wie es sein sollte. Bei Lehrkräften etwa gibt es kaum Unterschiede. Dort erleichtert der Staat Eltern (meist geht es um Mütter), beruflich wieder einzusteigen, nachdem sie wegen der Kindererziehung eine Pause gemacht haben. Er hält Stellen frei, während sie aussetzen. Und er ermöglicht es, Stellen zu teilen (**Jobsharing**), ohne dass dies gleich einen Karriereknick bedeutet wie in vielen privaten Firmen.

Die Politik versucht mit einem Gesetz, Diskriminierung bei der Bezahlung zu stoppen. Außerdem gibt es eine **Frauenquote** für die Vorstände mancher Unternehmen. Bis zur **Gleichberechtigung** ist es aber noch ein längerer Weg.

Immer den gleichen Job machen?

Unsere **Arbeitswelt** ändert sich radikal. Manager haben ausgerechnet, dass Maschinen auf der ganzen Welt heute schon jede dritte Arbeitsstunde erledigen. Für diese Tätigkeiten braucht man also keine Menschen mehr (siehe Ende von Kapitel 5). Wer eine gute Ausbildung hat und sich immer fortbildet, wird trotzdem weiter gefragt sein, sagen die Wissenschaftler.

Arbeitnehmer müssen sich aber daran gewöhnen, sich in ihrem Berufsleben öfter für neue Anforderungen fit zu machen, also sich weiter zu qualifizieren. Das gilt inzwischen auch für Akademiker, die bisher kaum von Jobverlusten betroffen waren. Computer können heute zunehmend die Recherche von Juristen in der Fachliteratur oder in alten Akten machen. Und das wird noch zunehmen. Alle Arbeitnehmer müssen sich anpassen, sie müssen sozusagen das Lernen lernen.

Und was ist, wenn du irgendwann merkst, dass dein Beruf dich anödet? Keine Panik! Du hast viele Möglichkeiten. Auf jeden Fall kannst du den Arbeitgeber wechseln, mal was Neues ausprobieren, schließlich hast du ja jetzt schon berufliche Erfahrung. Wenn dein Chef dich ärgert oder deine Kollegen dich nerven, kannst du versuchen, die Abteilung zu wechseln.

Du kannst auch verändern, in welcher Form du den Beruf ausübst. Mein Vater zum Beispiel hat Jura studiert, also Rechtswissenschaften. Er spezialisierte sich auf Steuern. Erst hatte er im Finanzamt mit Steuererklärungen zu tun, dann unterrichtete er künftige Mitarbeiter für die Finanzämter. Später leitete er ein Finanzamt. Er war immer beim Staat angestellt, aber in drei sehr unterschiedlichen Tätigkeiten.

Man kann seine Arbeit im Laufe des Lebens radikal wechseln. Ich habe einmal den Kaminhändler Bodo Schneider interviewt. Er war erst fünf Jahre zur See gefahren. Aber das hatte er wegen der Liebe zu einer Frau aufgegeben. Wie sollte er eine Beziehung führen, wenn er ständig unterwegs war? Dann hatte er im Büro gearbeitet, aber das fand er zu langweilig. Er entdeckte, dass es ihm Spaß machte, Kunden etwas zu verkaufen. Er verkaufte ihnen Kamine. Er tat das noch mit über 70 Jahren. «Ich steck' mein ganzes Herzblut ins Verkaufen», sagte er. «Entweder man macht das gerne oder man lässt es.»

Entweder gerne oder gar nicht. Das ist ein guter Rat für den Beruf. Du hast viele Möglichkeiten, die Arbeit zu wechseln. Trotzdem triffst du schon in der Schule Entscheidungen, die sich später auswirken. Um Ärztin oder Anwalt zu werden, braucht man Abitur und Studium. So etwas lässt sich nachholen, wenn man einen Realschulabschluss hat. Aber später wird es komplizierter. Es hilft also, herauszufinden, welche Voraussetzungen für einen Beruf benötigt werden, und dann die Schulzeit entsprechend auszurichten.

Für viele besser bezahlte Jobs braucht man eine bestimmte Ausbildung. Bodo Schneider konnte relativ einfach vom Seemann zum Verkäufer wechseln. Um Arzt zu werden, hätte er ein Studium gebraucht. Mit Mitte 30 oder 40 ein paar Jahre zu studieren, ohne Geld zu verdienen – wer kann sich das schon leisten, etwa wenn man eine Familie mit Kindern hat. Außerdem: Arbeitgeber sind zurückhaltend, jemanden einzustellen, der spät den Beruf gewechselt hat. Aber wie oft im Leben ist das nicht in Stein gemeißelt. Wenn jemand etwas wirklich will, ist oft Vieles möglich. Der Staat unterstützt heute mehr als früher mit Geld, wenn jemand den Beruf wechselt. Wissenschaftler sagen voraus, dass sich Tätigkeiten in Zukunft öfter ändern werden.

Eine Freundin von mir, Mutter von zwei Kindern, gab mit Mitte 30 ihren Beruf als Journalistin auf. Sie studierte, um Lehrerin zu werden. Ihr Mann arbeitete ebenfalls, so dass die Familie in der Zeit ein Einkommen hatte. Lehrer sind gesucht, und sie hat bald eine Anstellung gefunden.

3. KAPITEL
Die Welt besteht aus Produkten

Krisenchat.de: Junge Gründer tun was Gutes

Die Website von Kai Lanz war gerade 10 Minuten online, da meldete sich der erste junge Mensch. So viel Erfolg hat nicht jeder, der wie Kai eine Firma gründet. In diesem Fall hilft sein Erfolg Menschen direkt. Kai startete mit Freunden Krisenchat.de, eine Plattform, bei der sich Menschen unter 25 Jahren Hilfe holen können. Psychologinnen und Psychotherapeuten leisten ehrenamtlich eine erste Beratung bei Problemen und Lebenskrisen. «Schon in der ersten Nacht verhinderte unser Angebot, dass ein Mensch sich selbst verletzte», berichtet Kai Lanz. Er sagt das betont nüchtern, aber sein Stolz ist herauszuhören.

Krisenchat.de ist ein Unternehmen – ein ungewöhnliches zwar, aber doch eines von Millionen Unternehmen auf der Welt. Diese Firmen haben etwas gemeinsam: Sie bedienen menschliche Bedürfnisse: ob nach Krisenhilfe, einem Fahrrad, einem mit Freunden per Social Media geteilten Foto – oder nach veganen Pizzas, die Jenny backen will. Das heißt nicht, dass alle Unternehmen Gutes tun. Zigaretten und andere Produkte schaden der Gesundheit. Manche Firmen behandeln Mitarbeiter schlecht, und so weiter. Es heißt nur, dass die Unternehmen Bedürfnisse erfüllen. In der Steinzeit stellten die Menschen das meiste, was sie brauchten, selbst her. Es war nicht viel. Heute gibt es Millionen Waren und Serviceleistungen, aus denen jeder, der Geld hat, auswählen kann, bis ihm schwindlig wird.

Ob Fahrrad, Pizza oder Social-Media-Plattform: Wie kommen alle diese Produkte in die Welt? Es sind meist Unternehmen, die sie herstellen und verkaufen. Unternehmen stehen im Zentrum des Wirtschaftssystems, das in Deutschland gilt. Allein hier gibt es mehr als drei Millionen. Manche gehören dem Staat, also der Allgemeinheit, manche als **Kollektiv** oder **Genossenschaft** mehreren Menschen, die gleichberechtigt entscheiden. Manche Firmen streben keinen Gewinn an und versuchen bewusst, vor allem Gutes zu tun. Die meisten Unternehmen aber gehören Privatleuten, die **Gewinn** machen wollen. Vereinfacht gesagt: mehr einnehmen, als sie an Kosten haben für das, was sie anbieten.

Gewinn ist erst mal nichts Schlimmes. Er ist sozusagen der Lohn des selbständigen Unternehmers für seine Arbeit – so wie Arbeitnehmer einen festen Monatslohn bekommen. Allerdings klaffen Löhne und Gewinne oft ungerecht weit auseinander, siehe Kapitel 4 und 5. Auch sollte der Gewinn nicht durch erpresserische Macht, Betrug oder Ausbeutung von Beschäftigten erzielt werden. Das muss der Staat durch effektive Gesetze zu verhindern versuchen.

Manche Menschen haben den Drang, sich selbst etwas auszudenken und zu produzieren. In der Regel gründet man dafür eine Firma.

Kai Lanz zog es zur *Firmengründung*, wie er mir im Gespräch erzählt. Mit 14 oder 15 entschied er, dass er nicht pro Stunde bezahlt werden wollte wie ein Arbeitnehmer, sondern wie ein Unternehmer, der vom Erfolg der Firma abhängt. Da kann ein gigantischer Stundenlohn rauskommen oder gar nichts.

Kai Lanz nahm an einem Wettbewerb teil, den die Unternehmensberatung BCG für junge Gründer veranstaltete. Mit seinen Freunden Julius de Gruyter und Jan Wilhelm überlegte er: Welche Probleme gibt es zu lösen? Sie kamen auf Mobbing an Schulen. «Ich bin durch meine eigene Schulzeit

sensibilisiert», erzählt er. Kai war am Canisius-Kolleg in Berlin, an dem einst einige Pater Schüler missbrauchten. Die drei wollten eine Firma gründen, die Schülern hilft, die gemobbt werden. Aber wie? Sie steckten ein, zwei Jahre in die Konzeption.

Was genau ist ein **Unternehmen**? Zunächst einmal eine Organisation, die eine bestimmte rechtliche Form hat. Wenn zum Beispiel jemand einer Firma Geld leiht, will er wissen, wem die Firma gehört und wer im Notfall für sie einsteht. Da gibt es große Unterschiede. Etwa wem die Firma gehört, wer also **Eigentümer** ist, und wer für ihre **Schulden** haftet. Schulden sind Geld, das sich jemand als **Kredit** leiht und irgendwann zurückzahlen muss. Im folgenden Kasten gibt es einen Überblick über die Unternehmensformen. Dabei geht es etwas ins Detail. Wenn du es nicht so genau wissen willst, kannst du gleich nach dem Kasten weiterlesen.

UNTERNEHMENSFORMEN

Jennys Oma hat mit einer Bekannten eine Schreinerei gegründet, die mit ihren kunstvollen Möbeln schnell erfolgreich war. Es gab aber auch mal ein Jahr, wo es schlecht lief, weil das neue Design den Kunden nicht gefiel. Sie verkaufte wenig, aber der Holzhändler wollte trotzdem Geld für seine Lieferung. Und die Bank verlangte 50 000 Euro eines Kredits zurück.

Wenn jemand alleine eine *Einzelfirma* startet (oder wie Jennys Oma mit einer Bekannten eine Offene Handelsgesellschaft *OHG*), haftet er nicht nur mit dem Geld der Firma für Schulden, sondern auch mit den eigenen Ersparnissen. Man hat womöglich nichts mehr, wenn die Sache schiefgeht. Jennys Oma setzte in dem schlechten Jahr ein Drittel ihrer Ersparnisse ein, um die Firma zu halten.

Persönlich zu haften hat aber auch Vorteile. Man muss kein Mindest*kapital* nachweisen, also Geld, das man in die Firma steckt. Und Banken, die einen Kredit geben, vertrauen so jemandem leichter ihr Geld an.

Wer die persönliche Haftung begrenzen will, gründet seine Firma als *Kapitalgesellschaft*. Dann haftet nur das Kapital der Firma – auch bei ganz

großen Konzernen wie Siemens oder VW. Die Gründer müssen erst mal Geld einbringen. Bei einer Gesellschaft mit beschränkter Haftung (*GmbH*) beträgt dieses Mindestkapital 25 000 Euro. Diese Form hat auch Nachteile. Wer eine kleine Schreinerei hat, muss einen Steuerberater mit einem Jahresabschluss beauftragen und eine doppelte Buchhaltung nachweisen. All das kostet Geld. Es geht billiger: Die *Unternehmergesellschaft UG* ist die *Mini-GmbH.* Dafür braucht es nur einen Euro. Diese Rechtsform wählten Kai Lanz und seine Freunde, sie brachten nur 300 Euro Kapital ein.

Die Eigentümer schließen Verträge. Diese regeln etwa, wann Jennys Oma ihren Anteil an der Firma verkaufen darf. Sie und ihre Freundin haben vereinbart, dass jede ihre Anteile zuerst der anderen anbieten muss, zu einem bestimmten Preis. So verhindern sie, dass die Freundin ausscheidet und ein neuer Eigentümer zur Schreinerei stößt, den Jennys Oma nicht möchte.

Wie Kunden geschützt werden

Menschen haben bei Firmen unterschiedliche Funktionen. Manche sind Kunden oder Lieferanten. Dann haben sie einen Vertrag über den Kauf oder die Lieferung von Produkten. Solche Verträge sollen alle Seiten schützen.

Die Fahrradfirma muss Jenny das Fahrrad geben, wenn sie bezahlt hat. Sie darf Jennys Geld nicht behalten, wenn sie ihr das Fahrrad nicht gibt. Jenny kann das Fahrrad aber nicht fordern, wenn sie nicht bezahlt. Der Lieferant der Fahrradfirma kann Geld für die Sättel fordern, die er geliefert hat. Verträge regeln auch vieles andere. Was, wenn das von Jenny ausgesuchte Fahrrad hinter dem Geschäft geklaut wird, aber sie schon bezahlt hat? Was ist, wenn ein Blitzschlag das Fahrrad zerstört?

Damit Firmen nicht Kunden durch **Vertragsklauseln** benachteiligen, regelt der Gesetzgeber, was da stehen darf – und was nicht.

Immer wieder kippen Gerichte Klauseln, die Firmen standardmäßig verwenden. Davon profitieren etwa Bankkunden, die dann weniger Gebühren für ihr Konto zahlen müssen. Jenny und ihre Mutter haben profitiert, als sie aus ihrer Wohnung auszogen. Ein Gericht hatte zuvor Klauseln verworfen, mit denen Vermieter Mietern umfangreiche Renovierungen abverlangt hatten.

Wenn du etwa eine kostenpflichtige App herunterlädst, akzeptierst du mit einem Klick die Bedingungen der Firma sowie den Preis. Generell wird bei Käufen viel über die **AGBs** von Unternehmen geregelt, die **Allgemeinen Geschäftsbedingungen**. Auch über die wachen der Gesetzgeber und Gerichte, damit niemand benachteiligt wird. Informiere dich im Zweifel genau, das spart Geld.

Wenn du von einem Projekt träumst

Bei Kai Lanz' Firma geht es um eine Dienstleistung. Genauso ist es bei der Lernhilfe-App, die Mehmet plant. Er interessiert sich schon lange fürs Programmieren, zum Horror seiner Eltern, die ihn gerne als Handwerker sähen. Andere Unternehmen bieten anfassbare Produkte. So wie die vegane Pizza, die Jenny vorschwebt. Jenny findet, dass die Deutschen weniger Fleisch essen sollten, weil der Planet kollabiert, wenn alle Erdbewohner unsere Essgewohnheiten übernehmen. Sobald sie mit der Schule fertig ist, möchte sie ausprobieren, ob ihr ein Beruf in der Gastronomie gefallen könnte. Sie stellt sich vor, dass sie für die Nachbarschaft Pizzas bäckt, möglichst mit einem Schwerpunkt auf vegetarische und vegane. Sie liebt Pizza. Die dicken Dinger American style genauso wie römische Pizzas mit ganz dünnem Teigboden.

Jenny ist nicht naiv. Sie weiß natürlich, dass man für so ein Projekt eine Menge können muss. Sie hat Praktika in der Gastronomie gemacht, etwa in dem Hotel mit Restaurant, das ihre Tante lange führte. Jetzt hat sie ein Gefühl dafür, wie man unter Zeitdruck Essen herstellt und immer freundlich Gäste bedient, die nicht immer freundlich sind.

Der nächste Schritt wäre, eine Firma zu gründen. Pizza Delight soll sie heißen. Das englische Wort delight, Freude, soll «lecker» und «leicht» signalisieren. Und ist ein englischer Name nicht irgendwie cool? Andererseits: Vielleicht versteht mancher Kunde das Wort nicht. Hm, sie muss noch überlegen. Und damit ist sie mitten in den Gedanken, die sich ein Firmengründer so macht.

Was gehört denn dazu, dass ihr Projekt klappt? Ihre Mutter rät, doch mal länger mit ihrer Tante zu plaudern. Sie reden etwa darüber, ob Jenny überhaupt eine Firma gründen kann, obwohl sie unter 18 ist. Darum geht es in diesem Kasten. Es ist etwas kompliziert. Hast du auch eine Projektidee? Wenn nicht, dann möchtest du vielleicht lieber gleich danach weiterlesen.

EINE FIRMA GRÜNDEN UNTER 18?

Jenny ist unter 18, also beschränkt geschäftsfähig. Deshalb braucht sie zum Gründen eine Genehmigung vom Familiengericht, das meist beim Amtsgericht angesiedelt ist. Da geht sie mit einer Vollmacht der Eltern hin und redet mit einem Rechtspfleger. Das klingt nach nerviger Bürokratie. Aber der Rechtspfleger soll Jenny schützen. Er soll heraushören, ob sie sich in etwas verrennt, das ihr über den Kopf wächst. Und ob sie viel Geld verliert oder andere unangenehme Erfahrungen macht. Wissen kann das der Rechtspfleger natürlich nicht. Aber vielleicht ahnt er es mit seiner Routine. Jennys Gründung genehmigt er. Er hat den Eindruck, dass Jenny sich genug Gedanken gemacht hat. Lehnt ein Rechtspfleger ab, kann es helfen, noch mal vorzusprechen und einen Brief der Eltern mitzubringen, die bescheinigen, dass sie ihrem Kind so eine Firmengründung zutrauen.

Manche Gründer unter 18 lassen gleich ihre Eltern oder einen volljährigen Freund die Firma gründen. So hat es Kai Lanz gemacht. Die Firmenanteile werden dann meist auf die Gründer übertragen, sobald sie 18 sind. Ohnehin gilt, dass man unter 18 nicht jede Art Firma führen kann. Man kann nicht Geschäftsführer einer Kapitalgesellschaft wie der GmbH werden. Das müssen dann etwa die Eltern übernehmen.

Beachten muss man noch anderes. Wer zur Schule geht, ist meist kostenlos bei den Eltern krankenversichert. Man fliegt aus dieser Mitversicherung, wenn man mehr als 20 Stunden die Woche arbeitet und die eigene Firma zur hauptsächlichen Geldquelle für einen wird. Dann muss man sich selbst krankenversichern. Die genauen Regeln ändern sich immer wieder, also am besten aktuell nachschauen.

Beim Gespräch mit der Tante lernt Jenny eine ganze Menge. Die fragt, ob niemand anderes die Rechte am Namen Pizza Delight hat. Daran hat Jenny gar nicht gedacht. Im Internet sieht sie, dass Pizza Delight der Name einer kanadischen Pizzakette ist, die es seit 1968 gibt. Ob der Name in Deutschland rechtlich geschützt ist, muss sie erst herausfinden.

Auch an Namen gibt es Rechte.

Warum Eigentumsrechte wichtig sind

Privateigentum ist generell entscheidend dafür, dass das Wirtschaften gute Ergebnisse bringt. Wie würde es ohne klare **Eigentumsrechte** laufen?

Bestimmt fänden es die meisten ungerecht, wenn sich jemand einfach umsonst eine Pizza schnappen könnte, die Jenny mit Kosten, Ideen und Zeitaufwand gebacken hat. Wenn das öfter passiert, kann sie nicht vom Backen leben. Dass klare Eigentumsverhältnisse Vorteile bringen, sieht man auch an anderen Beispielen.

Mehreren Bauern gehört gemeinsam ein Acker. Der eine sät Mais, der andere erntet die Maiskolben und behält sie für sich. Das wäre ungerecht. Man müsste genau regeln, wer was tun darf. Vielleicht sät keiner der Bauern, weil sich jeder darauf verlässt, dass es jemand anderes tut – und er sich die Arbeit und das Geld fürs Saatgut spart. Dann wächst nichts.

Und wenn sich die Bauern einigen, dass abwechselnd einer Mais säen und ernten darf? Vielleicht holt dann der erste Bauer die maximale Ernte heraus, indem er den Boden überdüngt, obwohl er weiß, dass das den Boden auslaugt und die anderen Bauern weniger ernten. Er behält ja seine maximale Ernte.

Es sind **negative Anreize**, auf Kosten anderer falsch zu handeln, die das gemeinsame Eigentum schwierig machen. Diese negativen Anreize sind auch ein Grund für den Klimawandel, siehe Kapitel 6. Wenn Menschen solidarisch handeln, ist das kein Problem. Dann kann gemeinsames Eigentum Vorteile haben. Wenn zum Beispiel die anderen Bauern für den die Ernte übernehmen, der krank wird. In der menschlichen Geschichte gibt es leider viele Beispiele für das Gegenteil. Diese Fälle sind Argumente dafür, dass lieber jeder Bauer ein Stück Acker alleine besitzt. Er übernimmt dann eher Verantwortung und behandelt den Boden pfleglich. Schon der Philosoph **Aristoteles** sah vor 2500 Jahren das Problem: «Dem Gut, das der größten Zahl (an Nutzern) gemeinsam ist, wird die geringste Fürsorge zuteil.» Er argumentierte damit gegen das gemeinsame Eigentum in der Landwirtschaft, das früher üblich war.

Wofür braucht es das Eigentumsrecht an einem Pizzeria-Namen? Angenommen, die kanadische Kette Pizza Delight eröffnet Filialen in Deutschland. Die Kunden gehen hin, weil sie gewohnt sind, knusprige Pizza zu bekommen. Dann öffnet ein Rivale eine Pizzakette unter dem gleichen Namen. Um Geld zu sparen, verwendet er verdorbene Zutaten. Hunderte

Kunden werden krank. Ein solcher Imageschaden schlägt auf alle Pizzerien durch, die unter dem Namen Pizza Delight verkaufen, auch wenn sie nichts mit den Gammelpizzas zu tun haben.

So wirtschaftlich nützlich Eigentumsrechte sind: Für ein gutes Leben aller Bürger ist es sehr wichtig, das Eigentum einzuschränken. Das jahrhundertelang übliche Eigentum an Menschen, die Sklaverei, war furchtbar. Ein Hauseigentümer hat noch lange nicht das Recht, eine Passantin zu ohrfeigen, die seinen Vorgarten betritt. Überhaupt wäre es schlecht, wenn alle Grundstücke Privatleuten gehörten. Öffentliche Plätze und Parks machen das Leben schöner. In Deutschland wird das Eigentum heute vielfach begrenzt – zum Nutzen der ganzen Gesellschaft. Mehr in Kapitel 4.

Von der Geschäftsidee zum Erfolg

Wie geht Jenny jetzt vor? Kann sie Unternehmerin? Sie hat Respekt davor. Ihre Zweifel werden kleiner, als sie Kai Lanz zuhört. Der hatte auch Zweifel, aber er bekam bei einem Wettbewerb für Gründer Tipps. Da lernte er, wie man ein Geschäft kalkuliert. Die Gründung selbst ging schnell. «Das Nervigste war die Bank» – all die Formulare, die sie für den Kredit verlangte.

Eine Geschäftsidee hat Jenny ja. Oft kommt so was aus dem Alltag. Was fehlt einem? Was nervt einen an dem, was es gibt? Jenny findet, dass es in der Nachbarschaft zu wenig Angebote für gesundes Essen gibt. Der Friseur Robert analysiert den Markt und findet heraus, dass es in zwei Wohnvierteln im Osten der Stadt keinen Friseur gibt. In dieser Gegend eröffnet er seinen Salon.

Viele Firmengründer lassen sich in einer fremden Stadt oder im Ausland inspirieren, so wie die Gründer des Smoothie-Herstellers True Fruits. Sie studierten eine Weile in Schottland. Dort sahen sie im Laden etwas Neues: Flaschen mit püriertem

Obst. Und dann produzierten sie mit großen Erfolg Smoothies in Deutschland.

Ehssan Dariani ließ sich 2005 von Facebook inspirieren, das in Deutschland kaum bekannt war. Mit Mitte 20 startete er zusammen mit Freunden die **Social Media** Plattformen StudiVZ und SchülerVZ, die zeitweise sehr beliebt waren. Bald kaufte ein Medienkonzern die Plattformen. Dariani bekam als erste Rate zehn Millionen Euro. Tatsache!

Hat er einfach die Idee von Facebook genommen und nach Deutschland übertragen? Da ist was dran, sagte Dariani mir einmal. «Aber dieses Abfällige, was da mitschwingt, hat viel Neid und Missgunst. Es gibt doch kaum neue Ideen. Ideen werden weiterentwickelt. Daimler-Benz hat das Auto erfunden, deswegen redet doch keiner verächtlich über BMW und Porsche.»

Entscheidend ist, was jemand aus einer allgemeinen Idee macht, und sei es die von anderen. Dariani sagt, er sei kreativer gewesen als deutsche Konkurrenten, die Social Media probierten. Wirtschaft besteht auch darin, allgemein bekannte Ideen weiterzuentwickeln und erfolgreich an Kunden zu bringen. Solange jemand nicht geschütztes **geistiges Eigentum** klaut, ist das in Ordnung. Das Prinzip eines Autos auf vier Rädern ist so allgemein, dass Daimler keinen Hersteller verklagen kann, weil er Autos verkauft. Kopiert dieser Hersteller 1:1 einen Elektromotor, auf den Daimler ein Patent besitzt, sieht es anders aus.

Geschäftsideen funktionieren auf Dauer wirtschaftlich nur, wenn Firmen sie ständig weiterentwickeln – oder notfalls total umkrempeln.

Kai Lanz sagt: «Die größte Herausforderung war, ein Produkt zu entwickeln, das die Welt braucht.» Die erste Idee war, sich um Mobbing an Schulen zu kümmern. Doch über die Schulen an Mobbingopfer zu kommen, erwies sich als zu kompliziert. «Wir hätten vorher mit potenziellen Nutzern reden und die Idee testen sollen», sagt Kai. «Dann hätten wir ein einfacheres Produkt entwickelt.» Als im Frühjahr 2020 die Corona-Pandemie aus-

brach und Schulen dichtmachten, stieß ihre Idee an weitere Grenzen. Sie sattelten um und erdachten Krisenchat.de. Jetzt hatten sie das richtige Konzept. «Der Chat ist das Medium, das junge Leute nutzen», sagt Kai. «Krisen kennen keine Sprechzeiten. Die Leute melden sich um zehn Uhr abends oder um ein Uhr nachts.» Sie melden sich bei Einsamkeit, Liebeskummer, Ängsten, Panikattacken, Selbstmordgedanken.

Um zum Psychologen zu gehen, müssen viele eine Hemmschwelle überwinden. Oft gibt es monatelange Wartezeiten. Krisenchat.de ist sofort erreichbar. Fachleute leisten eine erste Beratung. Viele junge Leute melden sich mehrfach. Bei Bedarf vermittelt Krisenchat langfristige Angebote wie eine Therapie.

Jenny legt mit den Pizzas los

Jenny überlegt, wie ihr Angebot genau aussehen soll. Wer ist die Konkurrenz? Was ist das **Alleinstellungsmerkmal**, das es von anderen abhebt? In Jennys Fall gibt es keine Pizzeria in der Nachbarschaft. Es gibt eine Bäckerei, aber da bekommt man nichts Warmes. Es gibt einen Metzger, aber der hat nichts Vegetarisches und keine Pizza. Und der Imbiss verkauft nur Würstchen und belegte Brote, aber nichts Gesundes. Ah, gesund. Jenny notiert sich, vielleicht auch Salate zu machen.

Die zweite grundsätzliche Überlegung ist immer: Wer sind mögliche Kunden, wer ist also die **Zielgruppe**? Alle, die Pizza mögen und in der Nachbarschaft wohnen oder vorbeikommen. Wie bringt sie die Pizzas an den Mann und die Frau? Räume für ein Restaurant sind teuer. Sie entscheidet sich für einen mobilen Imbisswagen. Inzwischen wird meist der englische Ausdruck gebraucht, weil die Deutschen immer meinen, das klingt cooler: Foodtruck. Mit einem Foodtruck kann sie auch mal in andere Stadtteile gehen oder auf Veranstaltungen aufkochen. Außerdem sind die Foodtrucks cool. Hinterm Tresen stehen nicht mehr dickbäuchige Typen mit Fett auf dem weißen Kittel, sondern tätowierte Hipster, die Lounge-Musik spielen. Oder DJanes wie Jenny.

Der Imbisswagen passt zu ihrer Überlegung, dass sie ihre Pizzas eher vormittags bis nachmittags verkaufen möchte. Abends wollen sich die Leute lieber ins Restaurant setzen. Aber sind tagsüber genug da, die was zu Essen wollen? Es gibt einige Bürogebäude in der Nähe, da hofft sie auf Kunden. Und immer mehr Leute arbeiten ja im Homeoffice – Kundschaft für sie.

Schließlich das Material: Woher kriegt sie den Imbisswagen mit Pizzaofen, woher Stehtische, Besteck und so weiter? Neu ist chic und teuer, gebraucht ist günstiger, sieht aber vielleicht alt aus und kann weniger. Von wem kauft sie die Zutaten? Und die Vermarktung: Wie macht sie Werbung: Handzettel, Plakat, eigene Website, Anzeigen in der Zeitung oder Social Media?

Woher kommt das Geld, um das Projekt überhaupt starten zu können? Oma und Opa haben Jenny einen Teil ihres Erbes vorab gegeben, 20 000 Euro. Das ist schon mal toll, aber reicht bei Weitem nicht. Sie leihen ihr auch was, ihre Eltern ebenso. Wahrscheinlich braucht sie noch einen Kredit von der Bank. Sie muss nicht nur Sachen wie den Imbisswagen bezahlen, sondern auch laufende Ausgaben wie Zutaten oder Strom. Und sie braucht eine Reserve für unerwartete Kosten. Sie braucht *Liquidität*, wie Ökonomen sagen. Wenn sie Mehl und Tomaten nicht mehr bezahlen kann, ist es schnell vorbei. Wer *zahlungsunfähig* ist, ist rechtlich pleite.

Ganz schön viele Fragen bei einer Firma, denkst du vielleicht. Doch mit einigem hattest du schon zu tun, falls ihr gebrauchtes Spielzeug oder Kuchen auf einem Flohmarkt oder vor eurem Haus verkauft habt: Ware auswählen – werben – Preise anbringen.

Bevor Jenny loslegen kann, muss sie einige Formalitäten erledigen, die im nächsten Kasten stehen. Wenn du selbst keine Firma gründen willst, kannst du den Kasten auch überspringen und danach weiterlesen.

WAS MAN BEIM GRÜNDEN BEACHTEN MUSS

Damit der Pizzaservice legal ist, muss ihn Jenny wie die meisten Gründer als *Gewerbe* anmelden. Das macht sie beim Gewerbe- oder Ordnungsamt, zunehmend geht das online. Sie muss für den Gewerbeschein 20 bis 70 Euro bezahlen – vergisst sie das, drohen Tausende Euro Bußgeld. Wer mit einem Imbisswagen herumfährt, braucht eine Reisegewerbekarte. Die Anmeldung dient dazu, den Kunden zu schützen. Ein Betrüger könnte ja Pizzas mit verdorbenen Zutaten aus der Mülltonne verkaufen. Er ist leichter zu stoppen, wenn man seine Daten hat.

Wer ein Restaurant eröffnet, braucht eine *Gaststättenkonzession*. Teils sind dafür Schulungen vorgeschrieben, bei denen es etwa um Hygiene, Service und Verarbeitung von Lebensmitteln geht. Die Schulung macht die örtliche Industrie- und Handelskammer *(IHK)*, bei der Jenny als Unternehmerin ohnehin Mitglied werden muss. Außerdem braucht sie Zeugnisse von Polizei und *Gesundheitsamt*. Das Gesundheitsamt prüft etwa, ob sich die Flächen gut reinigen lassen, wo gekocht wird. Die Inspekteure kommen auch unangemeldet vorbei. Diese Regeln sind sinnvoll. Es gibt in Deutschland wenige Fälle, bei denen Restaurantbesucher vom Essen krank werden. Ich bin schon in einige Länder gereist, wo das anders ist.

Um den Imbisswagen an einem festen Ort aufzustellen, braucht Jenny eine Genehmigung vom *Ordnungsamt*, das diese nur zurückhaltend vergibt. Sie meldet sich bei der *Berufsgenossenschaft* an, womit sie und eventuelle Mitarbeitende gegen Unfälle versichert sind. Es gibt eine ganze Reihe von *Versicherungen*, gegen Einbruch, Feuer, Sturm, Schäden der Kunden oder Hackerangriffe. Manche sind Pflicht, andere freiwillig. Jenny muss ans Finanzamt verschiedene Steuern zahlen, deren Höhe davon abhängt, wie viel sie verkauft.

Insgesamt sind die Regeln noch detaillierter. Genauer erfährst du es bei den Handelskammern ihk.de oder den Websites wie Startupteens.de und gruenderplattform.de. Am besten informierst du dich aktuell, weil sich Regeln schnell ändern. Diese Organisationen beraten Gründer und Gründerinnen auch.

Jenny atmet tief durch. So kompliziert hat sie es sich nicht vorgestellt. Auf der anderen Seite glaubt sie an ihre Idee. Also packt sie es an. Jenny rechnet, wie ihr Geschäft funktionieren könnte. Dazu addiert sie alle Ausgaben: Zutaten, Getränke, Energie, Kreditkosten, Werbung … und was sie für sich zum Leben braucht. Und so weiter. Dann sieht sie, wie viel sie jeden Tag an Einnahmen braucht, um keinen Verlust zu machen.

Amazon und andere Verlustwunder

So eine Kalkulation braucht jede Firma. Sind die Einnahmen niedriger als die Ausgaben, geht es auf Dauer nicht. Klar, am Anfang machen viele Firmen Verlust, bis sie genug Kunden haben. Sie brauchen Geld von jemandem, bis sie die **Gewinnschwelle** (**Break-even**) erreichen.

Erstaunlich, wie lange manche gehypte **Start-ups** Verlust machen dürfen, ohne dass es vorbei ist. Start-up nennt man Gründungen, denen man eine brillante, ganz neue Geschäftsidee und schnelles Wachstum unterstellt. Sie bestehen trotz Verlusten, solange jemand Geld vorschießt. Zum Beispiel **Risikokapitalgeber** (venture capitalists), die eine große Chance haben, Gewinn zu machen, und gleichzeitig riskieren, alles zu verlieren.

Selbst eine heutige Riesenfirma wie der Onlinehändler *Amazon* machte nach dem Start 1994 viele Jahre Verluste. Amazon-Gründer *Jeff Bezos* investierte lieber in das Wachstum der Firma, als sich auf Gewinn zu konzentrieren. Die Investoren fanden diesen Plan überzeugend. Sie kauften Aktien, also Eigentumsanteile, und finanzierten so Bezos' Strategie. Regelmäßig nennenswerten Gewinn machte die Firma erst 20 Jahre nach ihrer Gründung. Heute ist Bezos einer der reichsten Menschen des Erdballs.

Eine Firma durch Zahlen verstehen

Sobald Jenny Pizzas verkauft, wird sie alle Zahlungen festhalten. Früher schrieb das ein Mitarbeiter in ein Buch, deshalb heißt das **Buchhaltung**. Daraus lässt sich erkennen, ob eine Firma funktioniert, ob sie Gewinn macht oder Verlust. Wenn du das nicht so genau wissen willst, kannst du gleich im nächsten Kapitel weiterlesen.

In Ägypten wurden Zehntausende Dokumente gefunden, mehr als 2000 Jahre alt. Sie zeigen eine detaillierte Buchhaltung. Die ermöglicht einen Überblick über Gewinn und Verlust, entscheidet am Ende, ob ein Unternehmen bleibt oder verschwindet. Wahrscheinlich waren es arabische oder italienische Kaufleute, die vor rund 500 Jahren als Erste die *doppelte Buchführung* anwandten. Diese Methode verbreitete sich ab dem 15. Jahrhundert auf der ganzen Welt.

Das Prinzip der doppelten Buchführung geht so: Auf der linken Seite eines Blatts Papier steht, was die Firma hat. Bei Jenny sind das zum Beispiel 10 Kilo Biomehl, die sie für 40 Euro gekauft hat. Oder der Foodtruck. Oder das Guthaben der Firma auf der Bank. Was die Firma hat, nennt man **Aktiva**. Auf der rechten Seite steht das Geld, das dafür nötig ist, und woher es kommt. Im Fall des Mehls also 40 Euro. Die können aus dem Geld kommen, das Jenny in die Firma gesteckt hat, dem **Eigenkapital**, oder aus dem Kredit der Bank, dem **Fremdkapital**. Rechts steht das Kapital der Firma – oder auch die **Passiva**.

Wenn Jenny etwas kauft, notiert sie diesen Vorgang doppelt. Links 10 Kilo Biomehl, rechts 40 Euro. So sieht sie sofort: Was hat sie alles? Und woher kam das Geld dafür? Damit sie den Überblick behält, teilt sie die linke und die rechte Seite in Konten auf. Das Mehl geht vielleicht ins Konto «Lagerbestand Lebensmittel».

Die einzelnen Konten kann sie addieren. Dann hat sie links die Summe aller Anschaffungen. Und rechts die Summe des Geldes, das in die Firma geflossen ist, von ihr, den Eltern oder der Bank. Wenn sie jeden Vorgang wirklich zweimal aufschreibt, muss die linke Summe genauso groß sein wie die rechte. Sonst hat sie etwas vergessen.

Durch die doppelte Buchführung erkennt man genau, was in einer Firma vorgeht, und kann den Gewinn berechnen. Diese detaillierte Datenübersicht heißt **Bilanz**. Um ein gutes Bild zu haben, schließt man sie zu einem bestimmten Zeitpunkt ab, etwa am letzten Tag des Jahres. Dann weiß man genau, wie es am 31.12. um die Firma steht. Man nennt die Bilanz auch **Jahresabschluss**. Die Summe der linken Seite, die genauso groß sein muss wie die der rechten, heißt Bilanzsumme. Je größer die Firma, desto ausgefeilter die Buchführung. Für Jennys Imbisswagen reicht es, Einnahmen und Ausgaben in ein Kassenbuch zu notieren und dann eine Überschussrechnung zu machen. Eine größere Firma muss eine Bilanz und eine Gewinn- und Verlustrechnung machen und in bestimmten Fällen veröffentlichen, damit klar ist, was da vor sich geht.

Wie Preise und Märkte sich entwickeln

Jenny hat kalkuliert, wie viel Pizzas, Salate und Getränke sie verkaufen muss, damit sie Gewinn macht. Wie viel eine Firma verkauft, stellt ihren **Umsatz** dar: Menge der Produkte multipliziert mit dem Preis. Für ihre Rechnung muss Jenny eine wichtige Frage beantworten: Zu welchem **Preis** verkauft sie die Pizzas? Erst mal addiert sie dafür Zutaten und alle anderen Kosten und teilt sie durch die geschätzten Verkäufe. Aber wichtig ist auch, wie viel die Kunden wohl zahlen werden. Dafür hat sie recherchiert, was ein Mittagessen beim Bäcker, beim Metzger, beim Asiaten und beim Imbiss mit den fettigen Würstchen kostet. Viel teurer sollte sie wahrscheinlich nicht sein. Preise unterscheiden sich. Auf dem Land zahlen die Leute für ein Mittagsgericht eher keine zehn Euro. In einer Großstadt akzeptieren sie einen höheren Preis, weil dort alles mehr kostet.

Wie Preise entstehen, gehört zu den Grundfragen der Wirtschaft. Die Leute, die in Jennys Nachbarschaft mittags Hunger haben, sind der **Markt** – zusammen mit dem Essensangebot. Es gibt unzählige solcher Märkte: An jedem Ort, für alle möglichen Produkte von Mittagessen und Smartphones bis zu Nachhilfe für Schüler. Was ein Produkt kostet, bestimmt sich aus **Angebot und Nachfrage.**

Wenn Jenny tagsüber eine Flasche Orangensaft kauft, zahlt sie dafür nur 1,50 Euro. Viele verschiedene Geschäfte bieten Orangensaft an. Wegen dieser Konkurrenz kann keiner von ihnen viel verlangen, wenn er etwas verkaufen will. Wenn Jenny abends nach dem Fußballtraining Lust auf eine Flasche Saft hat, ist das anders. Jetzt haben fast alle Geschäfte zu. Nur die Tankstelle hat offen. Sie verlangt 2,50 Euro für den gleichen Saft. Aber weil das Angebot nach 20 Uhr auf die Tankstelle beschränkt ist, kann sie den höheren Preis durchsetzen. Der Markt hat sich mit der Tageszeit verändert. Er verändert sich nochmal, seit man sich vielerorts Produkte nach Hause liefern lassen kann. Dann kann sich Jenny den Saft günstig bestellen, und vielleicht reduziert auch die Tankstelle ihren Preis, weil sie nicht mehr das einzige Angebot ist.

Etwas allgemeiner kann man sagen, dass sich Nachfrage und Angebot durch unterschiedliche Preise aufeinander zubewegen. Bei einem sehr billigen Preis für ein begehrtes Produkt wollen viele Konsumenten viel kaufen. Es wird aber wenige Firmen geben, die das Produkt zu diesem Preis anbieten. Für sie darf der Preis nicht auf Dauer niedriger sein als die Herstellungskosten plus ein Gewinn.

Steigt der Preis, geht die Nachfrage meist zurück. Manchem

Kunden ist es jetzt zu teuer. Gleichzeitig sind mehr Firmen bereit, das Produkt anzubieten. Aus den Reaktionen von Kunden und Verkäufern entwickelt sich ein Marktpreis, zu dem viele kaufen und viele anbieten. Meist ist das der Preis, zu dem die maximale Menge verkauft wird. Preise senden Menschen und Unternehmen wichtige Signale für ihr Verhalten.

Angenommen, alle Deutschen wollen plötzlich vom Auto aufs Fahrrad umsteigen, weil ihnen der Klimaschutz wichtig ist. Es gibt eine riesige Nachfrage – und zu wenige Fahrräder. Wer Fahrräder herstellt, kann einen höheren Preis als bisher verlangen – zumindest manche Kunden werden ihn zahlen. Der höhere Preis animiert andere Firmen, ebenfalls Fahrräder herzustellen. Das Angebot wächst. Auf diese Weise wird die höhere Nachfrage der Deutschen nach Fahrrädern zufriedengestellt. Der Markt hat funktioniert. Sobald das Angebot an Fahrrädern steigt, geht der Preis wieder zurück.

Märkte und ihre Preise tragen dazu bei, die Bedürfnisse der Kunden zu erfüllen. Der Markt hilft, Mangel zu beseitigen, hier den Mangel an Fahrrädern. Jahrhundertelang hatten die Menschen für viele Produkte keine Märkte zur Verfügung. Sie mussten auf vieles verzichten, was für uns selbstverständlich ist. Wir kommen heute mit Bahn oder Auto in den nächsten Ort, beides hatten die Menschen früher nicht. Und wir können überall auf der Welt etwas bestellen, ein paar Klicks auf dem Handy genügen. Somit hat sich die Zahl der Märkte für die Kunden drastisch ausgeweitet.

Clever online kaufen

Wie verhinderst du, dass du für etwas mehr zahlst als nötig? Du kannst herausfinden, ob du Sachen zu bestimmten Zeiten billiger bekommst. Flüge, Bahnfahrkarten und Urlaubshotels kosten weniger, wenn du früh buchst. Zu bestimmten Zeiten kaufen viele Leute bestimmte Sachen. Fahrräder im Frühling, wenn man wieder draußen radeln kann. Skier im Spätherbst, kurz bevor der Schnee kommt. Genau dann sollte man nicht kaufen. Wer früher bestellt, kriegt die Artikel oft günstiger. Man kann sich für Mail-Listen von Anbietern anmelden, die Kleidung bekannter Hersteller und andere Produkte in Verkaufsaktionen günstig anbieten. Aktionstage wie der Black Friday versprechen Einsparungen. Fachleute raten aber, da genau hinzuschauen, ob die Sachen wirklich billiger sind.

Es ist gar nicht so leicht, Alternativen zu vergleichen. Zwei Firmen bieten selten genau gleiche Produkte an. Smartphones etwa unterscheiden sich. Ist Modell A für nur 240 Euro die bessere Wahl als Modell C für 280 Euro, das anders aussieht und besondere Features hat? Die Kunden haben meist keine vollständige Information. Sie wissen zum Beispiel nicht, dass Modell C in der Nachbarstadt für 220 Euro zu haben ist.

Das Internet mischt die Karten neu. Anders als vor 20 Jahren kann der Kfz-Mechatroniker Leon im Internet herausfinden, dass Modell C woanders billiger ist. Und er bestellt es online. Gleichzeitig haben auch die Firmen durch die Digitalisierung mehr Möglichkeiten. Manche ändern ihre Preise jede Stunde oder noch öfter. Sie zeigen auch den verschiedenen Kunden auf ihren Websites unterschiedliche Preise an.

Im Netz sammeln Social-Media-Plattformen und andere unzählige Daten über Nutzer – **Big Data**. Wo wohnen sie, welche Produkte schauen sie sich an und zu welchen Preisen kaufen sie sie? Wer oft Teures kauft, bekommt dann von der Firma vielleicht für das gleiche Smartphone einen höheren Preis angezeigt als jemand, der meist Billiges kauft. Genauso geht es jemandem, der in einer Gegend mit höheren Mieten wohnt. Abkassiert werden womöglich auch Menschen auf dem Land, die weniger Einkaufsalternativen haben, und Menschen, die selten im Netz sind, so dass die Programme der Firmen annehmen, dass sie älter sind und/oder beim Onlinekauf unerfahren. Dann kann man ihnen höhere Preise abverlangen.

Zwar bremsen **Datenschutz**regeln solche Praktiken, aber Firmen finden wahrscheinlich Wege, diese zu umgehen. Und schon wenn dir aufgrund deines Surfverhaltens und deiner persönlichen Daten bestimmte Werbung angezeigt wird, beeinflusst das deinen Konsum. Vielleicht kaufst du Sachen, die du gar nicht brauchst, oder du kaufst sie teurer.

Was kannst du tun? Verbraucherzentralen raten, öfter in den Browser-Einstellungen die **Cookies** zu löschen. Mit Cookies untersuchen die Firmen, wie wir uns im Netz bewegen, welche E-Mail wir benutzen, wie lange wir auf einer Seite sind und was für Waren wir uns anschauen. Löschst du die Cookies, wissen sie weniger über dich. Und natürlich ist es ohnehin besser, auf Social Media nicht zu viel von sich zu verraten.

Um das günstigste Angebot zu finden, kannst du versuchen, vom Netz zu profitieren. Du kannst zum Beispiel die Preise für ein größeres Produkt ein paar Wochen lang beobachten, bevor du dich entscheidest, oder du kannst auf Preissuchmaschinen wie idealo.de gehen, am besten auf mehrere. Hast du etwas Günstiges gefunden, lass dich nicht nur von der Suchmaschine auf die Seite des Verkäufers weiterleiten, sondern geh auch direkt auf dessen Seite – da ist es manchmal noch billiger.

Es gibt viele Möglichkeiten, Geld zu sparen. Bei Meinpreisalarm.de kannst du Preise für eine Ware auf Amazon checken lassen und bekommst eine Info, wenn sie runtergehen. Skyscanner.de beobachtet Flugpreise. Und über dreamcheaper.com kannst du ein gebuchtes Hotelzimmer wieder abbestellen und neu buchen, wenn es günstiger geworden ist.

Sollte es für alles einen Preis geben? Nein. Es wäre traurig, alles in Zahlen und Preise zu fassen. Freundschaft, Solidarität, Liebe, Hilfsbereitschaft sollten unbezahlbar sein. Die Regierung begrenzt auch manche Preise aus gesellschaftlichen Gründen, zum Beispiel die Mieten. Mehr dazu in Kapitel 4. Manchmal ist es gar keine gute Idee, wenn es für etwas keinen Preis gibt. Dass Menschen und Firmen seit Jahrhunderten Wälder abholzen, Flüsse verschmutzen oder zu viel Kohlendioxid in die Luft blasen, liegt auch daran, dass Umweltverbrauch oft nichts kostet. Wie sich das ändern lässt, zeigt Kapitel 5.

Der Markt lenkt die Wirtschaft. Verkauft eine Firma mehr, schafft sie weitere Arbeitsplätze. Ist der Marktpreis für ein Produkt dauerhaft niedriger als die Kosten einer Firma, wird sie lieber auf etwas anderes umsteigen oder gar das Geschäft einstellen. So drängen die Preise Firmen aus dem Markt, die schlecht gemanagt werden – und sonst vielleicht mit Steuergeldern gerettet würden, obwohl das gar nicht sinnvoll ist. Die Firma kann sich natürlich auch anpassen, indem sie ihre Abläufe verbessert. So zwingen Preissignale eine Firma, sich anzustrengen.

Es ist kein Zufall, dass man bei einer staatlichen Behörde manchmal das Gefühl hat, dass man denen als Kunde egal ist. Hier gibt es keine Preissignale. Wenn du einen neuen Personalausweis brauchst und ewig auf dem Amt wartest, kannst du nicht woanders hingehen, wo du besser bedient wirst. Wenn du aber mit deiner Fahrradwerkstatt unzufrieden bist, suchst du dir eine andere. Womit wir beim **Wettbewerb** wären.

Unternehmen konkurrieren, indem sie Kunden durch das beste Produkt, günstige Preise oder guten Service für sich zu gewinnen suchen. Wettbewerb ist für die Konsumenten eine tolle Sache. Sie können sich mehr leisten. Deshalb achtet die Regierung darauf, dass es wirklich Wettbewerb gibt.

Gesetze verbieten Firmen, ein *Kartell* zu bilden, also die Preise abzusprechen. Sonst könnten sich Hersteller einigen, Fahrräder nur noch für 1000 Euro oder mehr zu verkaufen. Die Kunden müssten mehr bezahlen. Daimler und andere Lastwagenhersteller sprachen mehr als 14 Jahre lang die Preise für Lkw ab. Sie bekamen eine Strafe von fast vier Milliarden Euro aufgebrummt.

Es wird auch darauf geachtet, dass kein Hersteller ein **Monopol** hat. Das bedeutet, dass er ein bestimmtes Produkt als Einziger anbietet. Stell dir vor, Jennys Imbisswagen wäre das einzige Angebot in der ganzen Stadt, mittags etwas zu essen – und selbst kochen wäre verboten. Jenny könnte Phantasiepreise nehmen. Genauso ist es bei Produkten, die gar keinen Preis haben. Etwa wenn es weltweit nur noch eine Suchmaschine fürs Internet gäbe, zum Beispiel die von **Google**, dann könnte Google jede Menge Werbung einstellen. Google ist tatsächlich nahe an einem solchen Monopol (wie auch Facebook/Meta mit Instagram bei Social Media). Die staatlichen Wettbewerbswächter finden darauf noch keine durchgreifenden Antworten. Sie haben allerdings gegen Google und andere Firmen bereits hohe Strafen verhängt – und sie gezwungen, ihre Angebote zu ändern.

Wie Bill Gates, Steve Jobs und Mark Zuckerberg milliardenschwere Firmen starteten

Mehmet beschließt, dass er sich noch mehr Gedanken über seine Lern-App machen muss. Er hat sich einen Überblick verschafft, also den Markt sondiert. Dabei hat er festgestellt, dass es schon ein großes Angebot an Lern-Apps gibt. Nun geht er an «die größte Herausforderung: ein Produkt zu entwickeln, das die Welt braucht», wie Kai Lanz das genannt hat. Jenny wiederum legt nun mit ihrem Imbisswagen los. Ob sie Erfolg hat, wird erst die Zukunft zeigen.

Warum bleiben manche Firmen klein oder verschwinden, während andere zu Milliardenkonzernen heranwachsen? Was den Erfolg ausmacht, sind oft brillante **Erfindungen** oder **Innovationen**, was sowohl Ideen wie neue Verfahren, Lösungsansätze oder Umsetzungen meinen kann. Es geht um ein Gefühl dafür, was viele Menschen wollen oder dringend brauchen, und die Zähigkeit, sich gegen alle Widerstände durchzusetzen. Dabei sind Uni-Diplome nicht entscheidend.

Bill Gates schmiss mit 19 Jahren sein Mathestudium an der berühmten Harvard Universität hin. Wichtiger als ein Studienabschluss war, dass sich Gates brennend für eine Sache interessierte. Schon mit 13 Jahren löste er einen großen Computercrash aus, wie er mir in einem Interview erzählte. In seiner Schule gab es keinen Computer. Nur in einer Firma durfte er einen benutzen – solange er Fehler darauf fand und der Firma meldete. «Ich konnte Problem nach Problem finden. Das war ein großartiges Training», sagt er. «Aber Computer waren damals noch sehr unsicher.» Deshalb brachte er ein großes Netzwerk zum Absturz. Beim Interview lachte er darüber, aber damals bekam er totalen Ärger. Das hielt ihn nicht von Computern ab. 1977 startete er mit einem Freund die Firma **Microsoft**, die Software produzierte. Sie wurde zu einer der größten Firmen der Welt. Und Bill Gates zu einem der reichsten Menschen des Planeten.

Steve Jobs hielt nur ein Semester an der Uni aus, bevor er sich von Literatur und Physik verabschiedete. Er tüftelte mit einem Kumpel in der Garage seiner Eltern herum. 1976 startete er **Apple** Computer, die wegen ihrer einfachen Benutzung Erfolg hatten. 1985 verließ er die Firma nach einem Machtkampf. Erst 1997 kehrte er zurück. Mit dem iPhone verdrängte er ab 2007 viele andere Handys von Herstellern wie Nokia. Es geht selten immer nur nach oben. Ein Auf und Ab und Auf (und manchmal wieder Ab) ist für Unternehmerkarrieren typischer. Jobs starb 2011, mit erst 56 Jahren. Apple war in den vergangenen Jahren oft die teuerste Firma der Welt, gemessen am Wert an der Börse (Aktienkurs mal Zahl der Aktien; mehr dazu in Kapitel 8). 2022 erreichte sie als erste Aktiengesellschaft überhaupt einen Börsenwert von drei Billionen Dollar. Das ist nicht viel weniger als die Wirtschaftsleistung, die Deutschland in einem Jahr erreicht.

Mark Zuckerberg warf 2006 sein Studium der Informatik und Psychologie hin Er konzentrierte sich auf die Idee eines sozialen Netzwerks – **Facebook**, ursprünglich eine Ansammlung von Studentenprofilen. Mit Facebook und **Instagram** wurde auch er zu einem der reichsten Menschen der Welt. Ob es wirklich Zuckerberg war, der die Idee zum sozialen Netzwerk hatte, daran gibt es Zweifel. Zwei Brüder warfen ihm vor, die Idee von ihnen geklaut zu haben. Man einigte sich vor Gericht. Zuckerberg wird immer wieder dafür kritisiert, sich gnadenlos durchzusetzen. Sein frühes Motto lautete: «Bewege dich schnell und mache Dinge kaputt.» Die Facebook-Plattform gilt als einer der schlimmsten Verbreiter von **Fake News**, falschen Nachrichten – etwa, dass Corona ungefährlich ist.

Nachdem er eine Riesenvilla in Hawaii gekauft hatte, die mit den 900 Fußballfeldern Grund, verklagte er Einheimische mit kleinen Grundstücken in der Nachbarschaft, um sie zu vertreiben. Nur weil Unternehmer Erfolg haben, sind sie noch lange keine sympathischen oder guten Menschen. Es ist die Aufgabe der Politik und der Gesellschaft, Fehlentwicklungen zu stoppen. Etwa durch Gesetze, dass soziale Medien erwiesenermaßen falsche Nachrichten löschen müssen, oder durch höhere Steuern auf Reichtum, um ärmere Menschen finanziell besserzustellen.

Größe hilft Firmen, noch größer zu werden, denn sie produzieren günstiger. Eine Fabrik zu bauen und die Maschinen dafür zu kaufen, ist eine gewaltige Investition. Danach hat die Firma nur laufende Kosten wie Material oder Löhne. Je mehr sie produziert, desto mehr sinken ihre Kosten pro Produkt.

Das ist eine einfache Rechnung: Die gesamten Kosten durch die Zahl der Produkte dividieren. So können große Firmen billiger anbieten als kleine Firmen. Andererseits hat Größe auch Nachteile: Sie macht träge. Ideen entstehen oft eher in kleinen Betrieben.

Kai Lanz und seine Freunde haben mit Krisenchat.de nur ein Jahr nach dem Abitur eine Firma zum Laufen gebracht. Als wir uns unterhielten, leisteten die Psychologen schon 4000 bis 5000 Beratungen im Monat. Klar, es gab schwierige Momente. Mehr als einmal hatten sie das Gefühl, das Geld gehe ihnen aus. Kai blieb bei seinen Eltern wohnen, um weniger Kosten zu haben. Die Firmengründer beuteten sich selbst aus: Kaum Freizeit, kaum Geld. Aber langsam begann das Ganze, sich wirtschaftlich zu tragen, durch Stiftungen und die Partnerschaft mit einer Krankenkasse. Kai möchte Unternehmer bleiben: «Es ist super, Dinge zu tun, die der Welt weiterhelfen.»

4. KAPITEL

Was ist das beste Wirtschaftssystem?

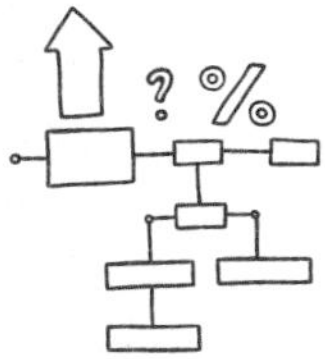

Wie man die Wirtschaft misst

Menschen und Firmen sind die einzelnen Einheiten der Wirtschaft. Wie es einem ganzen Land geht, wird auf der Ebene des Staates erfasst. Wie viel wird produziert? Wird das mehr oder weniger? Ist das Geld gerecht zwischen den Bürgern aufgeteilt? Darum geht es in diesem Kapitel.

DAS BRUTTOINLANDSPRODUKT

Die Wirtschaftsleistung eines Landes misst das *Bruttoinlandsprodukt (BIP)*. Das ist der Wert aller Produkte und Dienstleistungen, die in einer *Volkswirtschaft*, also einem Land, in einem Jahr hergestellt wurden. Wert bedeutet: Menge multipliziert mit den Marktpreisen. Es gehen anfassbare Produkte von Fahrrädern über Kopfwehtabletten bis zu Fräsmaschinenteilköpfen ein. Und es gehen die nicht anfassbaren *Dienstleistungen* ein, von Haarschnitten über Fahrradreparaturen bis zu Operationen. Ein Kritikpunkt ist, dass unbezahlte *Sorgearbeit* nicht eingeht, etwa wenn Eltern ihre Kinder aufziehen, für die Familie kochen oder für pflegebedürftige Großeltern sorgen, obwohl das auch Arbeit ist und einer Volkswirtschaft ohne Kinder die Arbeitnehmer ausgehen würden – von den überfüllten Altenpflegeheimen ganz zu schweigen.

Das Bruttoinlandsprodukt lässt sich auch über seine Teile verstehen.

Das ist der private *Konsum*, also was Menschen für Essen, Kleidung usw. ausgeben. Dann sind da staatliche Ausgaben, für Schulen, Polizei und anderes. Außerdem die *Investitionen*, wenn eine Firma eine Maschine kauft oder eine Fabrik baut. Dazu kommen die *Exporte*, wenn eine deutsche Firma Waren ins Ausland verkauft. Die *Importe*, Waren aus dem Ausland, werden davon abgezogen.

Als *Wirtschaftswachstum* bezeichnet man, wenn das Bruttoinlandsprodukt eines Landes von einem Jahr zum nächsten zunimmt. Das ist mehr als eine Zahl. Das Bruttoinlandsprodukt drückt nach einigen Umrechnungen auch das *Volkseinkommen* eines Landes aus. Das ist die Summe der Löhne der Arbeitnehmer, der Firmengewinne und der Einkünfte aus Eigentum (zum Beispiel Mietzahlungen an Wohnungseigentümer). Wächst die Wirtschaft – *Aufschwung* –, steht insgesamt mehr Einkommen, also Geld, für die Bürger zur Verfügung. Sie können sich mehr kaufen. Ob die Wirtschaft wächst oder schrumpft, wirkt direkt auf die Menschen.

In Volkswirtschaften wie Deutschland und den USA, die schon lange industrialisiert sind, beträgt das Wachstum meist 1 bis 3 Prozent pro Jahr. In der Coronakrise 2020 schrumpfte die deutsche Wirtschaft dagegen um fast 5 Prozent. Du kennst bestimmt auch ein paar Läden oder Bars in deiner Nähe, die schließen mussten. So einen schweren Einbruch gab es zuvor seit dem Ende des Zweiten Weltkriegs nur einmal. Entsprechend sorgten sich die Menschen. Allerdings hat die Wirtschaftspolitik gelernt, mit solchen Krisen besser umzugehen. Sie verhinderte in der Pandemie zum Beispiel Massenentlassungen (mehr dazu in Kapitel 7).

Ein hohes BIP bedeutet viel Einkommen. Zu den Staaten mit der größten Wirtschaftsleistung gehören die USA, Japan oder Deutschland. Man nennt sie weiterhin Industrieländer, auch wenn dort heute Dienstleistungen einen größeren Anteil der Wirtschaftsleistung ausmachen als die Industrieproduktion.

Große Wirtschaftsleistung sagt noch nichts darüber, wie ungleich diese Einkommen verteilt sind, worüber wir in diesem

Kapitel noch reden. Es sagt auch nichts über die Folgen für die Umwelt (Kapitel 6) oder darüber, wie glücklich die Menschen eines Landes sind. Manche sprechen davon, dass dem Menschen in der Überflussgesellschaft das Gefühl für den Wert von Dingen und der Sinn des Lebens abhanden kommen. Daher wird das BIP schon länger kritisiert. Man sollte es keinesfalls als Maß aller Dinge nehmen.

Im bergigen Bhutan in Südasien erklärte König *Jigme Singye Wangchuck* 1974, die Politik seines Landes richte sich nicht nach der Wirtschaftsleistung, sondern nach dem *Bruttonationalglück*. Staatliche Mitarbeiter schwärmen regelmäßig aus, gehen von Haus zu Haus, um die Menschen zu befragen, wie es ihnen geht. Gesetze und Investitionen in dem armen Land sollen sich daran messen lassen, ob sie der Gesellschaft nutzen. Das lässt sich als Gegenentwurf zu den Industriestaaten verstehen, in denen es stark um Gewinn und Konsum geht. Die meisten Menschen in Bhutan sind Buddhisten. Für sie hat Glück eher mit Zufriedenheit und Ausgeglichenheit zu tun, die Geld nicht unbedingt steigert.

Um das Wohlbefinden in einem Land geht es auch beim **Happy Planet Index**. Die Wirtschaftsleistung ist da nicht wichtig. Eine Rangliste von Ländern ergibt sich aus drei Kriterien: wie lange die Bewohner leben, wie zufrieden sie nach dem World Happiness Report sind und wie gut es ihnen gelingt, Umweltschäden zu vermeiden. Im Happy Planet Index landet etwa das mittelamerikanische Costa Rica vor Deutschland und den USA. Dort sind Zufriedenheit und Lebensdauer relativ hoch, der ökologische Fußabdruck aber nur ein Drittel so groß wie in den USA.

Die Wirtschaftsleistung der Staaten pro Kopf zeigt riesige Differenzen. Neben großen Industriestaaten wie Deutschland und den USA liegen die Schweiz, Luxemburg oder Singapur weit vorne. Diese kleinen Länder spezialisieren sich oft auf gut bezahlte Dienstleistungen, etwa in der Finanzbranche. Ihre Wirtschaftsleistung pro Kopf ist 100 oder 200 Mal so groß wie die afrikanischer **Entwicklungsländer**.

Die Unterschiede zwischen armen und reichen Ländern haben viele Gründe. So richteten Großbritannien, Frankreich, Spanien oder Deutschland als Kolonialmächte schwere Schäden an, an denen Südamerika, Afrika und Asien noch heute leiden. Für das unermessliche Leid, das sie den Menschen zufügten, gab es oft keine Entschuldigung, eine Entschädigung schon gar nicht. Auch politische Regime haben einen Anteil: Diktatoren und ihre Günstlinge reißen oft den Reichtum der Länder an sich und behindern wirtschaftliche Tätigkeit.

Dass es so große Unterschiede zwischen reichen und armen Ländern gibt, hängt auch mit den Stufen der ökonomischen Entwicklung zusammen. Als Deutschland, Großbritannien oder Frankreich so von Landwirtschaft geprägt waren wie heute noch viele Staaten der Welt, war der Großteil ihrer Bevölkerung arm. Erst die Industrialisierung ab Ende des 18. Jahrhunderts schuf den heutigen Wohlstand, sichtbar an hohem Einkommen und Massenkonsum.

Dahinter steht das **marktwirtschaftliche System**. Es basiert etwa auf freiem Handel über Landesgrenzen. Handel wird nicht wie im Mittelalter schon durch Zollabgaben an der Stadtgrenze behindert. Der Staat erlaubt den Unternehmen, sich innerhalb der Gesetze zu entfalten. Die Gesetze schützen das Eigentum, aber verbieten auch, dass Firmen Kunden oder andere Firmen übers Ohr hauen. Die Firmen konkurrieren auf Märkten mit ihren Preissignalen, und zwar auf der ganzen

Welt. Sie dürfen Gewinn machen. Das motiviert sie, gute und günstige Produkte herzustellen.

Der schottische Ökonom **Adam Smith** formulierte das in seinem berühmten Buch *Wohlstand der Nationen* 1776 so: «Wir erwarten unser Abendessen nicht vom Wohlwollen des Metzgers oder Bäckers, sondern davon, dass er Rücksicht auf sein Interesse nimmt.» Die «unsichtbare Hand» des Marktes führt die Interessen der Menschen zusammen. Anders als behauptet wird, feierte Smith damit nicht maximalen Egoismus und rücksichtsloses Wirtschaften. Menschen hätten einfach einen Hang zu handeln, um zu überleben und weiterzukommen. Und dieser Antrieb lässt sich für die ganze Volkswirtschaft nutzen.

Smith betont, dass Menschen das Wohlergehen von anderen nicht egal ist: «Keine Gesellschaft kann glücklich sein, in der der größte Teil ihrer Mitglieder arm ist.» Und er bot Königen seiner Zeit die Stirn, die vor allem die Bodenschätze fremder Länder plündern wollten. Der Reichtum eines Staates kommt nicht aus Gold, sagt er, sondern aus der Arbeit seiner Bürger. Das erwies sich etwa im Fall Spaniens als wahr. Es baute in Südamerika Unmengen von Gold und Silber ab, unter unglaublichen Opfern der Ureinwohner. Trotzdem kam es mehrfach zu Staatspleiten.

Der Urknall des modernen Wirtschaftens

Mit der **Industrialisierung** kam der Begriff **Kapitalismus** auf. Das Kapital eines Industrieunternehmens besteht vor allem aus den Fabriken und Maschinen. Es gehört den Eigentümern der Firma, den Kapitalisten. Der **technische Fortschritt** – die vielen weiterentwickelten Maschinen – ermöglichte ab Ende des 18. Jahrhunderts, immer schneller immer mehr Produkte herzustellen, auch völlig neue. Spinnmaschinen erzeugten Textilien, die vorher mühsam von Hand gewebt wurden. Dampfmaschinen trieben Maschinen an und erlaubten den Bau von Fabriken, wo man zuvor auf Wassermühlen angewiesen war. Eisenbahnen transportierten Produkte über große Entfernungen. Die Industrialisierung veränderte das Leben, wie es sonst in der Geschichte nur einmal geschah: Als Jäger und Sammler vor 10 000 Jahren zu Bauern mit festem Wohnsitz wurden und so das Wirtschaften erfanden.

Warum kam es genau in dieser Zeit, Ende des 18. Jahrhunderts, zur Industrialisierung? Schon die alten Griechen kannten 2000 Jahre zuvor eine Dampfmaschine. Für den Urknall des modernen Wirtschaftens Ende des 18. Jahrhunderts brauchte es noch anderes: Da war einmal die Freiheit, zu forschen und Dinge zu erfinden, die die Herrscher und die katholische Kirche jahrhundertelang unterdrückt hatten, zum anderen der Schutz von Erfindungen als Patente und von Eigentum generell. Vorher wurden Ideen gestohlen, und Adelige setzten sich über das Recht hinweg. Durch die Schulpflicht verbesserte sich die Bildung vieler Menschen, und Fleiß zählte etwas. Das hatte sich vor allem im protestantischen Nordeuropa entwickelt: Wer hart arbeitet, erhält den Lohn seiner Mühen schon zu Lebzeiten, nicht erst im Jenseits, wie der Katholizismus verkündet hatte.

Es war kein Zufall, dass Großbritannien zum Vorreiter der Industrialisierung wurde. Dort sprach früher als in anderen Staaten ein Parlament beim Regieren mit. Dadurch hatten nicht nur die Landadeligen Macht, sondern auch Händler, Fabrikanten und andere Bürger. Sie investierten in Neues, statt ihr Geld für Luxus auszugeben.

Vor der Industrialisierung gab es kaum Wirtschaftswachstum. Zwischen 1740 und 1840 vervierfachte sich die britische Wirtschaftsleistung. So einen Aufschwung hatte es noch nie gegeben. Auch Länder wie Deutschland zogen nach: Die Bevölkerung Berlins verzwanzigfachte sich in diesem Zeitraum von 50 000 auf eine Million.

Werner von Siemens gründete mit Elektrotechnik eine Firma, die noch heute zu den größten deutschen Konzernen gehört. _Gottlieb Daimler_ und _Carl Benz_ waren maßgeblich für die ersten Automobile, die für die Zeitgenossen ein Wunder waren. Bisher mussten Pferde die Wagen ziehen, jetzt bewegten sie sich durch den Motor selbst (Automobil bedeutet Selbstbeweger).

Der Fortschritt ging bis heute immer weiter: durch Elektrifizierung, Massenfertigung am Fließband, Chemie, Telekommunikation, Computer, Internet und Digitalisierung.

Reichtum, Massenelend und die Arbeiterbewegung

Die Früchte dieses Erfolgs waren zunächst sehr ungerecht verteilt. Samuel Crompton erfand die Webmaschine, den «spinnenden Esel». Sie war bald millionenfach im Einsatz. Crompton hatte davon nichts. Er konnte die Gebühren nicht bezahlen, um seine Erfindung als **Patent** zu schützen. So wurde die Maschine nachgebaut, ohne dass er einen Cent sah. Anders als er verdienten viele Fabrikbesitzer rasend schnell Geld. Die meisten Arbeiter dagegen lebten im 19. Jahrhundert im Elend. Sie schufteten von frühmorgens bis abends zu einem Hungerlohn. Sie waren in rasant wachsenden Städten in Bretterhütten oder engen Mietskasernen zusammengepfercht, in denen sich Krankheiten und Feuer verbreiteten. Um über die Runden zu kommen, schickten sie ihre Kinder arbeiten – für Neunjährige war das gesetzlich zehn Stunden am Tag erlaubt. In den Fabriken war oft die Hälfte der Beschäftigten unter 16. Ihnen mussten die Fabrikanten noch weniger Lohn zahlen als den Eltern.

Die Ausbeutung damals heißt **Manchester-Kapitalismus**, benannt nach der englischen Industriestadt, wo es besonders schlimm zuging. Auch anderswo beuteten Fabrikanten die Arbeiter schamlos aus, und die Herrscher unterstützten sie.

Die britische Regierung verbot den Arbeitern 1799, sich zusammenzuschließen. Als es wegen Hunger zu Unruhen kam, begannen die sogenannten Maschinenstürmer, Fabriken zu zerstören. Dafür wurde bald die Todesstrafe eingeführt.

Der Protest ließ sich trotzdem nicht völlig unterdrücken. Sehr langsam gelang es den Arbeitern, sich zu organisieren. Dazu gehörte, sich durch ein Wahlrecht, das vorher nur Adelige und Reiche hatten, eine Stimme zu verschaffen. Und dazu brauchten sie eigene politische Parteien.

In Deutschland entstanden *Arbeiterparteien* wie die *Sozialdemokratische Partei Deutschlands (SPD),* die es seit 1863 gibt. Und es bildeten sich *Gewerkschaften,* Zusammenschlüsse von Arbeitnehmern. Sie versuchten, für Stahlwerker oder Bergbaukumpel per Streik Verbesserungen zu erreichen. Es dauerte aber bis weit ins 20. Jahrhundert, bis Gewerkschaften und Arbeiterparteien mehr Lohn und bessere Bedingungen durchsetzten. Teilweise gestanden Könige und konservative Politiker Verbesserungen auch zu, um die Arbeiterparteien auszubremsen. So führte Reichskanzler *Otto von Bismarck* eine Kranken- und Rentenversicherung ein und bekämpfte gleichzeitig die SPD mit den *Sozialistengesetzen,* die Versammlungen verboten und zu Gefängnisstrafen führten. Trotzdem stieg die SPD, die auch durch das Wahlrecht behindert wurde, 1890 zur stärksten Partei im Land auf.

Die Kapitalisten und ihre politischen Unterstützer verteilten den Reichtum, der durch die Industrialisierung entstanden war, nicht freiwillig etwas gerechter. Die Arbeitnehmer mussten dafür kämpfen. Das ist heute nicht anders – überall auf der Welt. Ohne demokratische Regierung, Sozialgesetze und Lohnverhandlungen durch Gewerkschaften bleibt der Wohlstand sehr ungleich verteilt.

Kommunismus mit Planwirtschaft

Das Massenelend des 19. Jahrhunderts beschrieb auch der Textilunternehmer **Friedrich Engels** in *Die Lage der arbeitenden Klasse in England*. Aus einer englischen Stadt berichtete er, dass mangels Toiletten mindestens 50 000 Menschen ihre Fäkalien aus den Mietskasernen auf die Straße warfen, «so dass eine Masse ausgetrockneten Kots und stinkender Dunst entsteht und die Gesundheit der Bewohner aufs Höchste gefährdet wird». Zusammen mit dem Journalisten **Karl Marx** entwickelte Engels mit dem **Kommunismus** eine radikale Alternative zum Kapitalismus: «Den Mehrwert (der durch menschliche Arbeit im Produktionsprozess entsteht) erschaffen allein die Arbeiter. Doch wird er ihnen von den Unternehmern vorenthalten.» Das musste sich ändern!

Die **Proletarier**, also die Arbeiter, sollten die bestehende Gesellschaftsordnung umstürzen: «Sie haben nichts zu verlieren als ihre Ketten.» Unternehmen, Fabriken und Land sollten nicht mehr einzelnen Menschen gehören, sondern dem ganzen Volk zusammen. Das sollte zu einer klassenlosen, gleichwertigen Gesellschaft führen – eine zweifellos schöne Utopie. Ein demokratisches Regierungssystem war für Marx dabei nicht Voraussetzung. Er sprach von einer **Diktatur des Proletariats.**

Die Ideen des Denkers Karl Marx mit seinen guten Absichten wurden brachial umgesetzt. Im rückständigen Russland galt das kommunistische Wirtschaftsmodell von der *Oktoberrevolution* 1919 bis 1991. Nach dem Zweiten Weltkrieg wurde es unter dem Einfluss der russischen Sowjetunion in der DDR, dem östlichen Teil des geteilten Deutschland, sowie in osteuropäischen Staaten wie Polen oder auch in China eingeführt. Überall wurde der Plan einer besseren Gesellschaft ohne Demokratie angegangen, um den Einfluss der besitzenden bürgerlichen Klasse *(Bourgeoisie)* auszuschalten. Unter Sowjetdiktator Josef Stalin kamen Millionen Menschen durch Hungersnöte und Hinrichtungen um.

Im Kommunismus gibt der Staat meist in einer **Planwirtschaft** vor, was Firmen produzieren – genau geplant für einen fixen Zeitraum, etwa in Fünfjahresplänen. Die Firmen gehören allen Bürgern. Preise entstehen nicht durch Angebot und Nachfrage, sondern werden festgelegt. Unter Stalins Terrorregime gelang es erstaunlich schnell, Russland zu industrialisieren. Allerdings wuchsen kommunistische Staaten auf Dauer langsamer als die kapitalistischen Industriestaaten. Der Wohlstand der Bürger blieb deutlich geringer.

Den Alltag in der DDR prägte der Mangel an vielen Produkten. Hatte ein Laden doch eine begehrte Ware, bildeten sich Schlangen davor. Wenn kein Offizieller zuhörte, der einen ins Gefängnis bringen konnte, trösteten sich Ostdeutsche mit solchen Witzen:

Kunde: Guten Tag, ist das der Laden, in dem es keine Schuhe gibt?

Verkäuferin: Nein, das ist der Laden, wo es keine Hemden gibt. Der Laden, in dem es keine Schuhe gibt, ist zwei Häuser weiter.

Warum funktioniert Planwirtschaft schlechter als Marktwirtschaft? Kein Planbeamter kann wissen, was die immer neuen Bedürfnisse und Wünsche der Kunden sein werden. So entsteht von manchem zu wenig und von anderem zu viel. In einer Marktwirtschaft dagegen führen Preissignale Nachfrage und Angebot zusammen. In der DDR wären die Bürger bereit gewesen, für fehlende Produkte mehr zu zahlen. Das würde in einer Marktwirtschaft Firmen anregen, mehr davon herzustellen. Doch die Planwirtschaft setzt diesen Mechanismus außer Kraft – und andere auch.

Wenn eine marktwirtschaftliche Firma viel verkauft, steigt der Gewinn. Manager und Arbeiter werden oft besser bezahlt. So haben alle Seiten einen Anreiz, sich anzustrengen. Diese finanziellen Anreize gibt es in einer staatlich gelenkten Wirtschaft ohne Privateigentum an Firmen so nicht. Der Leiter eines kommunistischen Betriebs muss Produktionszahlen erfüllen. Produziert er mehr, werden die Ziele für nächstes Jahr womöglich hochgesetzt, und er muss noch mehr schaffen. Lieber meldet er vielleicht kaputte Maschinen, um die Planzahlen nicht erfüllen zu müssen, denn das ist schwierig mit Arbeitern, die eher nicht hoffen können, durch gute Arbeit mehr zu verdienen.

Was bringt die Soziale Marktwirtschaft?

Die Misserfolge des Kommunismus sind ein Grund, warum sich die Marktwirtschaft als Wirtschaftsmodell bis Ende des 20. Jahrhunderts weitgehend durchsetzte.

Selbst das offiziell kommunistische China wurde seit den Reformen des Parteiführers *Deng Xiaoping* Ende der 1970er-Jahre zur Marktwirtschaft und entwickelte sich so vom Entwicklungs- zum Schwellenland – wenn nicht gar zum Industriestaat. Das bescherte seinen Bürgern weitaus mehr Wohlstand als zuvor. Das Einkommen der ärmeren Hälfte der Bevölkerung nahm seit 1978 um durchschnittlich 4 Prozent pro Jahr zu. Eine von der Kommunistischen Partei gelenkte Diktatur ist das bevölkerungsreichste Land der Welt allerdings geblieben.

Ein weiterer Grund für den weltweiten Siegeszug der Marktwirtschaft war, dass sich Karl Marx' Vorhersage einer dauerhaften Verelendung der Massen nicht bewahrheitete. Überall in den Industriestaaten erlebten die Arbeiter steigende Einkommen. Im Deutschen Reich verdoppelten sich die Löhne von 1871 bis zum Ersten Weltkrieg 1914. Die tägliche Arbeitszeit sank. 1918 führte **Friedrich Ebert**, der erste Reichskanzler der SPD, den **Acht-Stunden-Tag** ein. Danach folgten Sozialreformen wie eine Versicherung, die Arbeitslose unterstützt. Den Menschen ging es besser.

Das nationalsozialistische Deutschland legte im Zweiten

Weltkrieg weite Teile Europas in Schutt und Asche. Es war für Millionen Tote verantwortlich. Nach dem Krieg erlebten die Industriestaaten dann einen langen Boom. In Deutschland spricht man vom **Wirtschaftswunder.** Es ist mit dem Namen des Wirtschaftsministers **Ludwig Erhard** verbunden. Er gab bald die Preise frei, um wieder Märkte wirken zu lassen. Anders als in den Jahrzehnten davor wurde auf fairen Wettbewerb geachtet. Firmen durften nicht durch Monopole und Kartelle Kunden überhöhte Preise abverlangen. Ein Wachstumsschub entstand auch dadurch, dass Deutschland und die anderen Mitglieder der **Europäischen Union** (EU) nach und nach Geschäfte zwischen ihren Firmen erleichterten. Dazu mehr im nächsten Kapitel.

Wie in anderen Industriestaaten wurde auch in Deutschland ein umfangreicher **Sozialstaat** geschaffen, um die Bürger vor Notlagen zu schützen. Beschäftigte werden weiterbezahlt, wenn sie krank sind. Wer arbeitslos wird, dem hilft der Staat. Nach ihrem Berufsleben bekommen die alten Menschen eine **Rente.** Sie steigt anders als früher mit den Löhnen der Arbeitnehmer. Dadurch bekommen Rentner in den meisten Jahren mehr Geld als vorher, während früher viele im Alter arm waren. Frag mal deine Großeltern, wie es bei ihnen ist.

Für das gesamte System bürgerte sich der Begriff **Soziale Marktwirtschaft** ein. Märkte sollen wirken und Unternehmen sich entfalten, damit die Wirtschaft wächst. Gleichzeitig werden die Gewinninteressen der Eigentümer eingeschränkt. Im Grundgesetz der Bundesrepublik Deutschland steht: «Eigentum verpflichtet».

Der Staat nimmt von dem Geld, das jedem privat gehört, etwas weg: durch Steuern.

STEUERN IN DEUTSCHLAND

Staaten erheben seit Jahrhunderten *Steuern.* Früher diente dies vor allem dazu, den Luxus der Könige und des Adels sowie ihre Kriege zu finanzieren. Heute geht es darum, Aufgaben für die Allgemeinheit zu bezahlen: Verkehrswege und Gesundheit, Schulen und Universitäten, Gerichte und Polizei, Unterstützung von Menschen in Notlagen, die Bundeswehr, Entwicklungshilfe für ärmere Länder usw. Um Geld für das alles zu haben, verlangt der Staat eine Reihe von Steuern. Bürger und Unternehmen müssen sie zahlen. Andernfalls drohen Strafen bis hin zu Gefängnis, je nach Höhe der Steuerhinterziehung. Bürger und Firmen möchten am liebsten weniger zahlen. Auf der anderen Seite wollen sie die Leistungen in Anspruch nehmen, die der Staat über Steuern finanziert.

Zu den wichtigsten Steuern zählt die *Lohnsteuer*, die Arbeitnehmer auf ihr Gehalt zahlen müssen. Der Arbeitgeber zieht sie direkt vom Lohn ab und überweist sie ans Finanzamt. Arbeitnehmer zahlen jedes Jahr mehr als 200 Milliarden Euro Lohnsteuer. Wenn sie am Ende des Jahres eine Steuererklärung abgeben, können sie einige Kosten geltend machen und bekommen etwas zurück.

Selbständige und Unternehmen zahlen teils *Einkommensteuer*, teils *Körperschaftsteuer.* Mehr als 200 Milliarden Euro bringt auch die Umsatz- oder *Mehrwertsteuer* ein. Die schlägt eine Firma beim Verkauf ihrer Produkte auf, ob Fahrräder, Müsliriegel oder Smartphones. Wer etwas von einem verstorbenen Verwandten erbt, muss eine *Erbschaftssteuer* zahlen. Dank großzügiger Ausnahmen vor allem für die Erben von Firmen erbringt diese Steuer aber wenig.

Außerdem gibt es spezielle Steuern auf Dinge wie Versicherungen, Kaffee oder Rennwetten. In einigen Fällen begründet der Staat die Steuer auch damit, dass er den Verbrauch einschränken will. So erhebt er Steuern auf Benzin und Diesel, Bier, Zigaretten, hochprozentigen Alkohol und Alkopops.

Das Eigentum wird noch anders eingeschränkt. Unternehmen müssen eine Vielzahl von Gesetzen zu Umwelt, Arbeitnehmern, öffentlicher Sicherheit und anderem einhalten.

Eingeschränkt werden auch Eigentümer von Häusern. Sie

dürfen Mietern nicht einfach kündigen oder die **Miete** stark erhöhen. Dafür gibt es ausführliche Gesetze, etwa eine **Mietpreisbremse.** Und wenn ein Eigentümer sein Haus länger komplett leerstehen lässt, statt es zu vermieten, obwohl Menschen dringend eine Wohnung suchen, kann der Staat dagegen vorgehen.

Zur sozialen Marktwirtschaft gehört auch, dass Gewerkschaften für viele Beschäftigte Tariflöhne aushandeln, die regelmäßig steigen. Die große Verbreitung der Tariflöhne war einer der Gründe dafür, dass in Deutschland im Vergleich zu anderen Ländern eine breitere **Mittelschicht** entstand, nicht reich, aber mit gutem Auskommen. Arbeitnehmer konnten sich mehr leisten, als vorher denkbar war: Urlaubsreisen ins Ausland, Auto, Fernseher, eigenes Haus oder Wohnung.

Die Regierung sorgt für eine Umverteilung zwischen Gutverdienern und Bürgern mit weniger Einkommen. Einkommen kann Verschiedenes sein: der Lohn eines Arbeitnehmers, der Gewinn einer Unternehmerin, Sozialleistungen wie Arbeitslosengeld oder Rente. Wer längere Zeit keine Arbeit findet oder aufgrund von Krankheit oder anderen Problemen nicht arbeiten kann, bekommt staatliche Unterstützung. Gleichzeitig macht der Staat Unterschiede bei den Steuern, die er verlangt. Je mehr Gehalt oder Unternehmensgewinn jemand bekommt, desto höher ist der Prozentsatz an Geld, den er davon ans Finanzamt zahlen muss – der **Steuersatz.** Wer mehr verdient, zahlt also mehr für die gesellschaftlichen Aufgaben – jedenfalls wenn er bei den Steuern nicht trickst. Mehr dazu in Kapitel 7.

Europäische Union und Euro

Zum Erfolg der Marktwirtschaft in Europa trägt auch die Europäische Union bei. Die EU war eine politische Idee, um die Völker nach dem furchtbaren Zweiten Weltkrieg zu versöhnen. In den 1950er-Jahren gehörten ihr sechs Länder an, inzwischen sind es fast dreißig. Die EU hat starke Auswirkungen auf die Wirtschaft. So schafften zum Beispiel Staaten nach und nach die Zölle für den Handel untereinander ab.

Seit 1968 gibt es keine Zölle mehr. Das macht einen großen Unterschied. Eine Zollabgabe wird auf ein ausländisches Produkt aufgeschlagen, um es zu verteuern. Erhebt Frankreich 20 Prozent Zoll, kostet ein deutsches Auto in Deutschland 20 000 Euro, in Frankreich aber 24 000 Euro. Entsprechend kaufen Franzosen eher französische Autos, die billiger sind. Durch die Zollfreiheit in der EU kann ein deutscher Hersteller seine Autos in Frankreich günstiger anbieten.

Handel vergrößert den Wohlstand, dazu mehr in Kapitel 5. Ähnlich wirkt der Euro, die gemeinsame europäische Währung. Vorher hatte Deutschland die Mark, Frankreich den Franc und so weiter. Sank der Kurs des Franc gegenüber der Mark, wurden deutsche Produkte in Frankreich plötzlich teurer. Die Franzosen kauften lieber Französisches. Jetzt gibt es diese Nachteile für deutsche Firmen nicht mehr.

1993 wurde der **EU-Binnenmarkt** vollendet. Er ist der größte Markt der Welt mit einheitlichen Regeln. Er hat vier Grundfreiheiten:

(1) **Freizügigkeit:** Jeder Bürger kann in einem anderen EU-Staat leben und arbeiten. Rund 20 Millionen Europäer tun dies dauerhaft. Frankreich muss Deutsche bei Steuern oder Sozialleistungen genauso behandeln wie Franzosen. Berufliche Abschlüsse werden grundsätzlich anerkannt. Du kannst also in den Niederlanden studieren, in Spanien ein Praktikum machen, in Polen einen Job annehmen. 2004 wurde die EU um Polen, Tschechien und acht weitere Staaten, überwiegend in Mittel- und Osteuropa, erweitert. Diese waren ärmer als Deutschland oder Frankreich. Daher gab es Befürchtungen, Osteuropäer würden nach Deutschland kommen, um von

Sozialleistungen zu leben, die höher seien als der Lohn in ihrer Heimat. Diese Befürchtungen stellten sich als übertrieben heraus. Die Freizügigkeit hat Grenzen: Sozialleistungen bekommt nur, wer sich um Arbeit bemüht.

(2) **Freier Kapitalverkehr:** EU-Bürger können ihr Geld in anderen EU-Ländern anlegen. Eine deutsche Bank kann ihre Produkte in den Niederlanden anbieten. Natürlich braucht es dafür Regeln, damit Bürger weiter Steuern zahlen, wenn sie Geld ins Ausland bringen. Oder damit Kriminelle nicht schmutzige Drogeneinnahmen in einem anderen Land in einem angeblich legalen Geschäft sauber machen können (**Geldwäsche**).

(3) **Freier Warenverkehr:** Hürden fallen auch für Produkte. Es gibt keine aufwändigen Kontrollen an der Grenze mehr. Deine Eltern haben bestimmt schon ohne Probleme aus dem Österreichurlaub Obstler mitgebracht oder Espressopulver aus Italien. Und es gibt gemeinsame Regeln für die Qualität von Waren. Deutschland kann den Verkauf italienischer Autos nicht mit dem Argument verbieten, dass die Rücklichter anders aussehen. Bevor es den EU-Binnenmarkt gab, wurden solche Unterschiede oft benutzt, um ausländische Produkte zu behindern.

(4) **Dienstleistungen** sollen ebenfalls frei zirkulieren. Ein portugiesischer Architekt kann in Polen ein Haus bauen. Eine französische Firma kann in Deutschland Versicherungen anbieten, ohne hier eine Filiale zu eröffnen. Damit die Kunden keine Nachteile haben, wird die Firma in ihrem Heimatland kontrolliert. Die deutsche Regierung darf eine deutsche Firma nicht gegenüber einer französischen Firma bevorzugen. Wenn sie eine deutsche Firma mit Geld unterstützt, also eine **Subvention** zahlt, muss die **EU-Kommission** in Brüssel dies genehmigen.

Die Freiheiten zwischen den Ländern der Europäischen Union sind nicht selbstverständlich. Jahrhundertelang wurden ausländische Firmen benachteiligt. Wenn eine deutsche Firma heute nach China oder Südamerika geht, passiert ihr dies noch oft. Deshalb ist die Europäische Union ein großer Fortschritt. Kein anderer Kontinent der Welt hat etwas Ähnliches geschaffen. Die Menschen profitieren davon. Das haben etwa Forscher des Prognos-Instituts berechnet. So wäre die deutsche Wirtschaftsleistung seit 1992 um ein Drittel geringer gewesen, wenn es den Binnenmarkt nicht gäbe. Ohne den Euro würde die deutsche Wirtschaftsleistung binnen zehn Jahren um gut eine Billion Euro niedriger ausfallen – ein Drittel der jährlichen Wirtschaftsleistung.

Trotz ihrer Erfolge gibt es ständig Kritik an der EU. Sie versuche alles zu regeln, sogar, wie stark Gurken gekrümmt sein dürfen. Tatsächlich war es so, dass Firmen darauf drängten, Gurken auf eine bestimmte Größe zu normieren – um den Handel zu erleichtern. 2009 wurde die Vorschrift wieder abgeschafft. Kritiker reden auch von einer Riesenschar überbezahlter Beamter in Brüssel. Bei der EU-Kommission arbeiten 30 000 Beschäftigte, die Gesetze für mehr als 400 Millionen EU-Bürger entwerfen. In der Stadtverwaltung von München arbeiten auch 30 000 Mitarbeiter, die für rund 1,5 Millionen Einwohner zuständig sind. Klar, eine Stadtverwaltung hat andere Aufgaben. Aber der Vergleich zeigt, dass die Schar der EU-Beamten gar nicht übermäßig groß ist.

Die EU bemüht sich inzwischen besonders, Verbrauchern zu helfen. Kannst du dich noch an die hohen Extragebühren erinnern, die man noch vor ein paar Jahren beim Telefonieren mit dem Handy in anderen EU-Staaten zahlen musste? Die sind inzwischen verboten. Die EU setzt auch soziale Rechte durch. Wer etwa von einer Firma als Arbeitnehmer in ein anderes EU-Land geschickt wird, darf dort auf gewerkschaftliche Tariflöhne pochen, wenn diese allgemeinverbindlich gelten.

Wo die Unterschiede unfair sind

Trotz der Umverteilung in den westlichen Marktwirtschaften sind die Einkommensunterschiede zwischen den Menschen weit größer als in einer kommunistischen Gesellschaft. Mal sind es neue Produkte wie die Social Media von Facebook oder Tesla-Elektroautos, die Unternehmer wie Mark Zuckerberg oder Elon Musk zu den reichsten Männern des Erdballs machen. Mal sind es wie beim Amazon-Gründer Jeff Bezos neue Verkaufswege wie der Online-Handel. Marktwirtschaften erlauben Menschen, ihre Möglichkeiten zu nutzen und reich zu werden. Mal liegt das an tollen Ideen, mal an Cleverness, guten Beziehungen, Glück oder Rücksichtslosigkeit, oft an einer Kombination davon. Auf jeden Fall klaffen beim Geld erhebliche Unterschiede. Die gibt es inzwischen auch im zur Marktwirtschaft gewandelten China, in dem das reichste eine Prozent der Bürger mehr besitzt als die ärmere Hälfte zusammen.

Die **Ungleichheit** ist ein Schwachpunkt marktwirtschaftlicher Länder. Klar, in Europa oder den USA hungert im Regelfall niemand. Aber die Unterschiede bedeuten, dass manche Bürger gar nicht wissen, wohin mit ihrem Geld, und daher wie Jeff Bezos ins Weltall fliegen, und es gleichzeitig bei vielen Menschen finanziell knapp ist. Sie leben beengt, müssen an Kleidung und Essen sparen.

4 Millionen Deutsche können es sich nicht leisten, auch nur eine Woche im Jahr in den Urlaub zu fahren. Europaweit trifft das 35 Millionen Menschen, fast jeden zehnten Bürger der EU. Wer weniger verdient, lebt auch kürzer. In ärmeren Städten und Landkreisen in Deutschland sterben die Menschen bis zu zehn Jahre früher als in wohlhabenden Regionen. Und zwar im Durchschnitt. Die Ungleichheit wirkt sich auf viele Bereiche des Lebens aus.

Noch krasser als die Einkommen klaffen die **Vermögen** auseinander. Als Vermögen zählt, was man besitzt, zum Beispiel Geld auf dem Bankkonto, Eigentum an einer Firma, ein Haus, Diamanten, Goldbarren.

Den 50 reichsten Deutschen gehört zusammen so viel wie der gesamten ärmeren Hälfte der Bevölkerung, also rund 40 Millionen Menschen. Jeder aus der ärmeren Hälfte hat im Durchschnitt ein Vermögen von 5000 Euro, das reicht nicht mal für ein neues Auto. Jeder der Superreichen hat im Schnitt 4 Milliarden Euro, also 800 000 Mal so viel wie jemand aus der ärmeren Hälfte.

5. KAPITEL
Ungleichheit, Globalisierung und Digitalisierung

Die wirtschaftspolitische Wende

Die Unterschiede zwischen Arm und Reich haben in den vergangenen Jahrzehnten wieder zugenommen. Nach dem Zweiten Weltkrieg hatte es eine lange Phase gegeben, in der sich die Einkommen angenähert hatten. Das lag vor allem daran, dass der Sozialstaat stark ausgebaut wurde und dass Regierungen durch Steuern von oben nach unten umverteilten. So verlangten die USA von Spitzenverdienern Steuersätze von 70 bis 90 Prozent.

Ab den 1980er-Jahren gab es mit dem **Neoliberalismus** eine radikale Wende in der westlichen Welt. Die ganze Gesellschaft, das sagt die neoliberale Theorie, profitiere davon, wenn die Steuern für Reiche und Unternehmen sinken, weil sie dann mehr investieren und produzieren, was der ganzen Gesellschaft zugutekomme.

Die USA senkten den Spitzensatz der Einkommensteuer von einst über 90 auf unter 30 Prozent. In Deutschland wurde die Steuer auf Vermögen abgeschafft und der Spitzensatz der Einkommensteuer von 56 Prozent auf 42 Prozent gesenkt.

Laut Neoliberalismus soll sich der Staat stärker aus der Wirtschaft heraushalten und zum Beispiel Bahnverkehr oder Stromversorgung an private Firmen geben. In Deutschland wurden Post- und Telefondienst in Aktiengesellschaften (**Deutsche Post** und **Deutsche Telekom**) umgewandelt, die zum großen Teil Privatleuten gehören. Neoliberale Ökonomen argumentieren auch, dass sich Firmen freier entfalten müssten und Gewerkschaften dabei eher hinderlich sind. In Deutschland zahlen heute nur noch halb so viele Unternehmen wie in den 1990er-Jahren gewerkschaftlich ausgehandelte Tariflöhne. Wer nicht nach Tarif bezahlt wird, verdient meist deutlich weniger. Zudem wurde der Sozialstaat abgebaut, so dass Menschen teilweise weniger Geld vom Staat erhalten, wenn sie arbeitslos werden.

Warum hat sich der Neoliberalismus durchgesetzt? Das war auch eine Reaktion darauf, dass viele Industriestaaten in den 1970er-Jahren schwaches Wirtschaftswachstum, steigende Arbeitslosigkeit, schlecht wirtschaftende Staatsbetriebe und hohe Staatsschulden erlebt hatten. Der Neoliberalismus versprach, das zu verbessern. Es stimmt schon, dass die Regierungen ihre Wirtschaftspolitik ändern mussten. Manche Gewerkschaften drückten Lohnsteigerungen von mehr als 10 Prozent pro Jahr durch, was die hohen Preise noch weiter in die Höhe trieb. Es gab Übertreibungen bei der Besteuerung Reicher. So soll die Kinderbuchautorin Astrid Lindgren in Schweden einen Brief vom Finanzamt erhalten haben, sie solle mehr als 100 Prozent ihres Einkommens an Steuern zahlen. Also mehr, als sie überhaupt verdiente.

Es ist umstritten, wie viel Positives der Neoliberalismus bewirkt hat. Am Ende hat er zu stark die Gegenrichtung zur vorherigen Wirtschaftspolitik eingeschlagen. Die Bahn und andere staatliche Dienstleistungsunternehmen zu privatisieren führte häufig zu hohen Gewinnen der Firmen und zu schlechterem Service für die Kunden. Der Glaube an möglichst freie Märkte hatte zur Folge, dass die Finanzbranche weniger kontrolliert wurde. Eine dramatische Finanzkrise 2008 war das Resultat. Sie kostete Millionen Arbeitsplätze (mehr dazu in Kapitel 7).

Außerdem vergrößerte der Neoliberalismus die Ungleichheit, also die Kluft zwischen Arm und Reich, weil Reiche weniger Steuern zahlen und immer mehr Arbeitnehmer keine gewerkschaftlich ausgehandelten Löhne erhalten.

Wie Deutschland ungleich wurde

Die Ungleichheit lässt sich etwa durch den **Gini-Koeffizienten** messen. Den erdachte der italienische Statistiker Corrado Gini. Er zeigt Unterschiede im Einkommen oder Vermögen zwischen den Bürgern eines Landes. Er kann zwischen 0 und 1 liegen. Null bedeutet, dass alle Bürger gleich viel verdienen oder besitzen, was nie vorkommt. Eins bedeutet, einer hat alles und die anderen nichts, was ebenfalls nicht vorkommt. Interessanter ist daher, dass Gini Unterschiede zwischen Ländern zeigt. Skandinavische Staaten wie Schweden und Norwegen versuchen traditionell, die Kluft zwischen Arm und Reich zu verringern, indem sie Einkommen durch Steuern stark umverteilen. Sie weisen einen geringeren Gini-Wert auf als etwa die USA oder Großbritannien, wo wenig umverteilt wird. Umverteilung wird dort als Widerspruch zu der Maxime empfunden, jeder habe die Chance, durch seine eigene Leistung reich zu werden.

Bedeutsam ist die Veränderung. So stieg Gini ab 1980 in den meisten Industriestaaten. In Deutschland nahm die Ungleichheit ab Ende der 1990er-Jahre bis Mitte der 2000er-Jahre stark zu, von unter 0,25 auf über 0,29. Seitdem ist sie auf dem höheren Niveau geblieben.

Sozialdemokratische und linke Parteien schlagen oft vor, die Kluft durch höhere Steuern für Gutverdiener oder auf Vermögen zu verringern. In Deutschland amtierte von 2005 bis 2021 Bundeskanzlerin **Angela Merkel** von der konservativen Partei CDU, die solche Steuererhöhungen ablehnte. In der Regierung unter SPD-Bundeskanzler Olaf Scholz (ab Ende 2021) verhinderte die FDP höhere Steuern, die SPD und Grüne im Wahlkampf vorgeschlagen hatten.

Schon mal von Hartz IV gehört?

Früher gab es in Deutschland relativ lange Arbeitslosengeld und danach Arbeitslosenhilfe. Deren Höhe richtete sich nach dem letzten Lohn. Mitte der 2000er-Jahre wurde das Arbeitslosengeld auf in der Regel ein Jahr beschränkt. Die Arbeitslosenhilfe wurde durch **Hartz IV** ersetzt. Hartz IV richtet sich nicht nach dem letzten Lohn, sondern ist eine pauschale Summe von ein paar Hundert Euro. Sie ist stärker an Bedingungen geknüpft: Erst mal eigenes Geld aufbrauchen, bevor Hartz IV fließt. Oder zu Vorstellungsgesprächen bei Firmen gehen, um zu beweisen, dass man auch wirklich Arbeit sucht. Sonst wird die Unterstützung reduziert (Sanktionen).

Georg, der Bruder von Mehmets Vater, verlor vor einigen Jahren seinen Arbeitsplatz. Das Stahlwerk, wo er arbeitete, wurde geschlossen. Im Ausland wird billiger produziert, in der Stahlbranche gingen viele Arbeitsplätze verloren. Georg suchte lange nach einer neuen Stelle. Er bekam mit Hartz IV und einem Zuschuss zur Wohnung 300 Euro weniger im Monat, als er früher mit der Arbeitslosenhilfe bekommen hätte.

Verteidiger solcher Reformen argumentieren, dass sie notwendig waren, um den Sozialstaat weiter finanzieren zu können. Tatsächlich bestand im alten System für manche zu wenig Anreiz, einen nicht so gut bezahlten Job anzunehmen. Ein arbeitsloses Elternpaar mit Kindern bekam unter Umständen mehr

Unterstützung vom Staat, als ein Elternteil mit einer Arbeitsstelle verdienen konnte. So war es ausgerechnet die SPD, die sich traditionell mehr für Gleichheit einsetzt, die ab 1999 unter Bundeskanzler **Gerhard Schröder** etwa mit der **Agenda 2010** die härtesten Reformen durchsetzte. Er war überzeugt, dass der Staat manche Leistungen einschränken musste. Sie kosteten einfach zu viel Geld.

Tatsächlich war Deutschland bei Schröders Wahlsieg 1998 in einer schwierigen Lage, weil die CDU-Regierung die Probleme nicht angepackt hatte. In den 1990er-Jahren war die Arbeitslosigkeit nach der Wiedervereinigung von Ost- und Westdeutschland stark angestiegen. Die kommunistische Ost-Wirtschaft in das marktwirtschaftliche West-System zu integrieren war kompliziert. Gleichzeitig sollten die Bürger im Osten möglichst bald moderne Verkehrswege, Renten und anderes wie im Westen erhalten, was viel Geld kostete.

Du hast ja in Kapitel 2 schon gelesen, dass beide Seiten, also Arbeitnehmer und ihre Arbeitgeber, Sozialbeiträge zahlen – in die Kranken-, Renten-, Arbeitslosen- und Pflegeversicherung. Diese Sozialbeiträge stiegen in den 1990er-Jahren durch die deutsche Wiedervereinigung, die Arbeitslosigkeit und die Alterung der Bevölkerung stark an. Die Alterung wird **demografischer Wandel** genannt. Die Bürger leben heute länger und bekommen deshalb doppelt so lange Rente wie nach dem Zweiten Weltkrieg. Gleichzeitig wurden weniger Kinder geboren, die als Arbeitnehmer die Renten für die Älteren bezahlen können. Dadurch entsteht in der Rentenversicherung ein Finanzloch.

Die Sozialbeiträge drohten auf mehr als 40 Prozent des Lohns zu steigen. Das macht es für Firmen teuer, jemanden zu beschäftigen. Dadurch steigt die Gefahr, dass die Firma lieber im Ausland produziert, wo diese Lohnnebenkosten niedriger sind. Dann gehen Arbeitsplätze in Deutschland verloren. Deshalb stoppte die Regierung Schröder den weiteren Anstieg der

Sozialbeiträge – etwa indem die Renten weniger stark zunahmen oder Patienten sich an den Kosten für Medikamente selbst stärker beteiligen mussten.

Was von den Reformen des Sozialstaats richtig war und was zu weit ging, ist bis heute umstritten. Klar erscheint, dass die Reformen dazu beitrugen, die Arbeitslosigkeit zu halbieren. Deutsche Firmen konnten international besser konkurrieren und mehr Waren exportieren. Die Arbeitslosigkeit lag Mitte der 2000er-Jahre bei 5 Millionen. Seitdem sank sie auf nur noch etwa 2,5 Millionen. Wissenschaftler zeigten, dass besonders umstrittene Reformen wie Hartz IV gar nicht die wirksamsten waren. So reduzierte eine bessere Vermittlung von Arbeitslosen in neue Stellen die Arbeitslosigkeit stärker.

Wodurch es in Deutschland wieder etwas gerechter zugeht

In den vergangenen Jahren wurden Reformen wie die zu Hartz IV milder gestaltet. Die Ampel-Regierung aus SPD, Grünen und FDP seit Ende 2021 will Hartz IV durch ein **Bürgergeld** ersetzen. Da gibt es weniger Sanktionen, wenn ein Arbeitsloser Auflagen nicht erfüllt.

Schon vorher reagierte die Politik auf die wachsende Ungleichheit und die Weigerung vieler Firmen, Arbeitnehmern anständige Löhne zu bezahlen. Sie führte 2015 den gesetzlichen **Mindestlohn** von zunächst 8,50 Euro die Stunde ein. Dadurch sind Unternehmen nicht mehr frei, was sie zahlen. Vorher hatten sie immer mehr Arbeitnehmern sehr wenig bezahlt, teilweise nur vier oder fünf Euro die Stunde. Dann verdient jemand, der acht Stunden am Tag arbeitet, nur 600 bis 800 Euro im Monat – weniger, als er mit Hartz IV plus Zuschuss zur Wohnung bekommt.

Marktliberale Ökonomen warnten, ein Mindestlohn vernichte Hunderttausende Arbeitsplätze, denn wenn der Preis für etwas steigt, sinkt ja oft die Nachfrage. Die Warnungen erwiesen sich als falsch. Es gingen so gut wie keine Arbeitsplätze verloren. Die Unternehmen verdienten auch mit dem Mindestlohn genug Geld. Vorher hatten sie einfach ihre Macht missbraucht, um manchen Beschäftigten besonders wenig zu zahlen. SPD-Kanzler Olaf Scholz hat schon im Wahlkampf versprochen, den Mindestlohn auf zwölf Euro zu erhöhen.

Georg, der Bruder von Mehmets Vater, entschied sich nach längerer Arbeitslosigkeit, den Beruf zu wechseln. Das ist gar nicht so einfach, wenn man wie er über vierzig ist und Kinder hat. Einen neuen Beruf zu lernen, für den eine Ausbildung oder ein Studium vorgeschrieben ist, dauert einige Jahre. Wovon soll die Familie leben? Was seine Frau verdient, reicht nicht. Die staatlichen Arbeitsagenturen zahlen Zuschüsse für eine Berufsausbildung, aber nicht immer. Georg fing erst mal als Paketbote an. Dafür ist nicht unbedingt eine Ausbildung nötig. Georg profitierte vom Mindestlohn. So brachte er 1500 Euro im Monat nach Hause, ohne diesen wären es nur 1100 Euro gewesen.

Was Globalisierung und Digitalisierung bringen

Industriestaaten wie die USA und Deutschland verbinden sich seit Mitte der 1980er-Jahre wirtschaftlich immer stärker, auch mit Ländern wie China. Man nennt das **Globalisierung.** Autos und andere Produkte werden anders als früher für einen globalen Weltmarkt hergestellt, nicht mehr meist für den Markt in den Grenzen eines Landes. Viele Waren können nun überall gekauft werden. Hersteller konkurrieren also mit mehr Rivalen als vorher.

Die Globalisierung brachte wirtschaftliche Impulse für die Industriestaaten, für die es seit den 1970er-Jahren eher flau lief. Weder das Bildungsniveau noch die Lebenserwartung stiegen weiter so stark an wie vorher. Durch beides hatte das Wirtschaftswachstum zugenommen: Besser qualifizierte Menschen erledigen komplexere Aufgaben – und schaffen so eine höhere Wirtschaftsleistung pro Kopf. Und wer länger lebt, arbeitet länger. Aber nun stagnierte die Entwicklung. Ein weiterer Grund für die Flaute war, dass inzwischen fast jede Familie im Westen Kühlschrank, Auto und Fernseher besitzt. Deine wahrscheinlich auch. Da war der Bedarf erst mal gedeckt. Eine Familie kauft das meist erst wieder, wenn etwas kaputtgeht.

Die Globalisierung eröffnete den Industriestaaten nun neue Märkte für ihre Produkte. Der weltweite Handel nahm deutlich zu. In Deutschland stieg der Anteil, den **Exporte** an der Wirtschaftsleistung ausmachen, von einem Drittel auf fast die Hälfte.

Wie kam es zur Globalisierung? Ein Grund war, dass die Konkurrenz zwischen Kapitalismus und Kommunismus endete. Die Sowjetunion löste sich 1991 auf. Im von ihr beherrschten Ostblock zog die Marktwirtschaft ein. Das waren neue Exportmärkte für deutsche oder amerikanische Unternehmen. Auch in anderen Teilen der Welt endeten kommunistische Modelle. China wurde zum riesigen Markt. Auch mit Schwellenländern wie Indien oder Brasilien machte der Westen immer mehr Geschäfte.

Wie in der Industrialisierung war auch technologischer Fortschritt entscheidend. Satelliten unterstützen die Kommunikation. Einheitliche **Container** beschleunigen es, Waren von der Fabrik auf Lastwagen, Züge und Schiffe zu verladen. Dadurch sind die Transportkosten drastisch gesunken. Es lohnt sich sogar, Produkte in Tausende Kilometer entfernte Länder zu liefern.

Eine wichtige Rolle spielt auch die **Digitalisierung.** Computer und Internet haben sich durchgesetzt. Dadurch findet Handel mit Dienstleistungen statt, der vorher nicht möglich war. Ein amerikanischer Anwalt kann zum Beispiel eine französische Firma per Videokonferenz beraten. Es gibt völlig neue internationale Dienstleistungen: Mit dem Smartphone bezahlst du über die App von Apple Pay, du benutzt die Suchmaschine von Google, kaufst online bei Amazon, postest auf den Social-Media-Kanälen von Facebook/Instagram. Alles das ist weltweit verbreitet von Firmen mit Sitz in den USA.

Die Digitalisierung ermöglicht es, die Produktion von Waren zu vereinheitlichen. Dadurch kann eine Firma anders als vorher Autos, Maschinen oder Chemikalien in Fabriken in sehr vielen Ländern herstellen. Westliche Unternehmen verlagern die Produktion nach China oder nach Osteuropa, wo sie billiger ist.

Warum sich Welthandel lohnt

Warum ist es überhaupt vorteilhaft, wenn Länder miteinander viel Handel treiben? Nimmt da nicht einer dem anderen etwas vom Kuchen an Wirtschaftsleistung weg? Wenn Deutschland Autos in die USA verkauft, können amerikanische Hersteller dort weniger Autos verkaufen. Die meisten Ökonomen würden sagen: Aber dafür exportieren US-Firmen das, was sie besonders gut können, wie iPhones von Apple oder Dienstleistungen wie die Suchmaschine von Google.

Ob Handel schadet oder nutzt, wird schon lange diskutiert. Wenn dich die Argumentation nicht so interessiert, kannst du gleich nach dem Kasten weiterlesen.

WIE KOSTENVORTEILE WIRKEN

Erinnerst du dich an Adam Smith und seine Nadelfabrik? Der argumentierte vor 250 Jahren, dass sowohl Großbritannien als auch Portugal etwas davon hätten, wenn sie miteinander handelten. Britische Arbeitnehmer seien besser darin, Wolle herzustellen, als portugiesische. Umgekehrt produzierten die Portugiesen besseren Wein. Die Briten hätten einen *absoluten Kostenvorteil* bei Wolle, die Portugiesen bei Wein. Also wäre es

am besten, sie spezialisierten sich auf ein Produkt – und importierten das andere vom Handelspartner.

Smiths Kollege *David Ricardo* argumentierte, dass diese Spezialisierung sogar richtig wäre, wenn Portugal bei Wein *und* Wolle besser wäre. Dann wäre es am besten, Portugal konzentriere sich auf das Produkt von den beiden, das es am besten könne. Warum?

Stellen wir uns vor, Portugal kann guten Wein 30 Prozent günstiger herstellen als Großbritannien. Und Wolle immer noch 10 Prozent günstiger. Dann wäre es eine Verschwendung, wenn Portugal die begrenzte Zahl seiner Arbeitskräfte aufwenden würde, um Wolle herzustellen. Denn es würde dann weniger Wein herstellen als möglich. Und beim Wein hat es den größten Kostenvorteil. Großbritannien wäre zwar schlechter bei der Wolle, hätte aber im Vergleich trotzdem einen Kostenvorteil. Weil es für Portugal noch sinnvoller ist, nur Wein herzustellen. Die Briten haben einen *komparativen Kostenvorteil* bei Wolle. Das erklärt, warum sich Handel für zwei Nationen sogar lohnt, wenn eine von ihnen beide Produkte schlechter herstellt als die andere. Es gibt keinen endlichen Kuchen an Wirtschaftsleistung. Wenn die Staaten Handel treiben, vergrößern sie den Wirtschaftskuchen immer weiter. Das sahen damals viele Herrscher anders.

Auf unsere Zeit, auf Deutschland und die USA übertragen bringt der Handel beiden Seiten etwas. Deutschland verkauft sehr viele Autos in die USA. US-Firmen exportieren anderes nach Deutschland, etwa Chemie oder Social Media. Der Handel sichert in Deutschland Jobs in der Fabrik, aber auch bei der Entwicklung und Vermarktung der Autos. Weil Deutschland bei manchen Automodellen führend ist, bringt es auch für die Amerikaner Vorteile, diese Modelle zu kaufen. Sie erhalten ein besseres Auto, als sie für das gleiche Geld von einem US-Hersteller bekommen würden. Würde der Import deutscher Autos gestoppt, bekämen die Amerikaner fürs gleiche Geld ein schlechteres Auto. Und wenn es durch den Importstopp zu einem Mangel an Autos käme, müssten sie auch noch mehr zahlen.

Der grundlegende Gedanke ist **internationale Arbeitsteilung.** Menschen spezialisieren sich und werden Ärztin, Bauarbeiter oder Lehrerin. Staaten spezialisieren sich auf Produkte, die sie besonders gut und/oder günstig herstellen. Und importieren andere. In den meisten Ländern stellen Firmen ganz viele verschiedene Produkte her. Aber nur das, wo sie einen Vorteil haben, taugt für den Export.

Wovon hängt es ab, worauf sich ein Land spezialisiert? Die schwedischen Ökonomen *Eli Heckscher* und *Bertil Ohlin* haben das untersucht. Demnach gibt es Länder wie die USA oder Deutschland, in denen viel Kapital zur Verfügung steht, also viel Geld für Investitionen. Solche Länder haben einen Kostenvorteil bei der Herstellung von Produkten, für die man viel Kapital braucht – zum Beispiel Maschinen. Diese exportieren sie dann. Andere Länder haben besonders viele Arbeitskräfte zur Verfügung. Zum Beispiel Indien, Brasilien oder Bangladesch. Sie spezialisieren sich auf Waren wie Lebensmittel oder Kleidung, für deren Herstellung man viele Arbeitskräfte braucht.

Nach dem Zweiten Weltkrieg setzte sich in der Politik die Einsicht durch, dass freier Handel von Nutzen ist. In Abkommen wurde vereinbart, umfangreich Zölle zu senken. Heute kümmert sich die **Welthandelsorganisation WTO** darum. Wenn ein deutscher Hersteller ein Auto in die USA exportiert und kein Zoll aufgeschlagen wird, wird es günstiger – und deshalb eher gekauft. Auch andere Export-Hürden wurden beseitigt. Die Europäische Union betreibt die Handelspolitik für alle Mitgliedsstaaten. Damit tritt sie als gemeinsamer Wirtschaftsraum auf, der etwa so groß ist wie die USA und China. Sie schließt Handelsabkommen mit vielen Ländern, die zu mehr Geschäft führen. So stiegen etwa die deutschen Exporte nach einem EU-Abkommen mit Südkorea in wenigen Jahren um 70 Prozent.

Die weltweiten Zollabkommen legten die Basis für die Globalisierung, die Wirtschaftswachstum und Wohlstand in den

Industriestaaten und in früher armen Ländern wie China verstärkte.

Genau genommen war dies bereits die zweite Globalisierung. Die erste Phase der Globalisierung begann etwa 1870, als europäische Staaten und die USA den Handel mit der Industrialisierung stark ausweiteten. Sie endete 1914 mit dem Ersten Weltkrieg, in dem der Handel zum Erliegen kam. In der Weltwirtschaftskrise ab 1929 griffen viele Regierungen zu Importzöllen. Sie wollten damit in der Krise ihre heimischen Firmen und Arbeitsplätze schützen. In Wahrheit verschlimmerten diese Maßnahmen, die man **Protektionismus** nennt, die Krise erheblich. Nach einer längeren Globalisierung ab den 1990er-Jahren flammte der Protektionismus vor einigen Jahren wieder auf.

Den freien Handel einschränken: Jeder für sich?

Der amerikanische Unternehmer Donald Trump gewann die Präsidentschaftswahlen 2016 mit dem protektionistischen Versprechen: Wir schützen Amerikas Firmen und Arbeitsplätze, wir brauchen keine Importe. Die USA haben seit Längerem ein hohes **Handelsdefizit**, gerade gegenüber Deutschland und China. Das bedeutet, dass sie weniger Waren in diese Länder liefern, als sie von dort importieren – zum Beispiel Autos oder Computer.

Donald Trump punktete bei den Wählern damit, dass er das Handelsdefizit kritisierte. Als er 2016 die Wahl gewann, lag das Defizit mit China bei 350 Milliarden Dollar. China, Deutschland und andere nehmen den USA etwas weg, argumentierte er. Das war wieder die Logik vom angeblich endlichen Wirtschaftskuchen. Der würde für die USA kleiner, wenn China und Deutschland so viele Waren nach Amerika exportieren.

Trumps Slogan lautete «America first!», Amerika zuerst!

Man nennt solche Politik **Populismus**, weil sie den falschen Eindruck erweckt, es gebe überall einfache Lösungen. Etwa: chinesische und deutsche Produkte raus aus den USA! So einfach ist es aber nicht. Das Bild ändert sich, sobald man nicht nur Waren wie Autos und Laptops, sondern auch Dienstleistungen in den Blick nimmt. Da wirkt sich die Stärke von Digitalkonzernen wie Google, Amazon oder Facebook aus. Das Handelsdefizit der USA fällt nur noch klein aus.

Trump argumentierte, es sei besser, die Amerikaner würden alle Autos und Computer selbst produzieren, die sie benutzen wollen, und Arbeitsplätze schaffen, wo doch so viele aus den USA abgewandert waren. So verteuerte er als Präsident Computer, Stahl und andere ausländische Produkte durch Zölle. Die Amerikaner sollten stattdessen amerikanische Produkte kaufen.

Dabei übersah er zwei Dinge. Erstens: Wenn er chinesischen Firmen Zölle auferlegt, verteuert Chinas Regierung im Gegenzug US-Produkte durch Zölle. In den USA gehen Arbeitsplätze verloren, weil die Firmen weniger Produkte nach China verkaufen. Zweitens: Die Zölle haben einen Nachteil für die Bürger in den USA. Sie kauften bisher die chinesischen Produkte ja nicht ohne Grund, sondern weil sie sie besser fanden oder bei vergleichbarer Qualität günstiger. Wenn Chinas Produkte durch Zölle teurer werden, müssen die Amerikaner mehr Geld ausgeben als vorher. Dieses Geld fehlt ihnen für anderes. Oder sie kaufen amerikanische Produkte, die offenbar schlechter oder teurer sind als die chinesischen.

Studien zeigen, dass Trumps Politik Amerikas Konsumenten insgesamt schlechterstellte. Gleichzeitig verringerte sie das amerikanische Handelsdefizit nicht wesentlich. Als Trump 2020 die Wahl gegen Joe Biden verlor, lag das Defizit im Verhältnis zu China bei 300 Milliarden Dollar. Bei seinem Wahlsieg 2016 hatte es 350 Milliarden betragen. Und: Der Handel war insgesamt geschrumpft, was für die USA ebenso ein Nachteil war wie für China.

Das Unbehagen an der Globalisierung

Am Beispiel Amerikas sehen wir: Es wäre auch für Deutschland kein Vorteil, Laptops und Smartphones selbst herzustellen, wenn doch andere Länder dies besser können. Oder zumindest billiger. Billiger auch deshalb, weil Arbeiter in Deutschland höhere Löhne bekommen als in Taiwan, wo die US-Firma Apple viele iPhones herstellen lässt. Es lohnt sich bei den hohen deutschen Löhnen eher, komplexere Produkte wie Autos herzustellen.

Was bedeutet es, wenn Smartphones teurer werden, weil Deutschland alles für den eigenen Gebrauch selbst herstellt? Ein iPhone kann Mehmet sich sowieso nicht leisten. Aber er müsste für sein nächstes Smartphone auf jeden Fall mehr ausgeben als jetzt für sein im Ausland hergestelltes.

Und: Wenn das Smartphone teurer ist, hat Mehmet weniger Geld übrig, um sich andere Sachen zu kaufen, die er haben möchte. Das heißt, andere Warenproduzenten können ihm nichts verkaufen, machen also keinen Umsatz. Oder er muss eben länger dafür sparen. Und das betrifft nicht nur Mehmet, sondern viele andere Konsumenten auch.

Donald Trumps Wahlerfolg zeigte, dass viele Bürger in den Industriestaaten unzufrieden mit der Globalisierung waren. Auch dass die Briten sich in ihrer Volksabstimmung für den EU-Austritt (**Brexit**) aussprachen, ist so zu verstehen. Sie dachten, sie kämen alleine besser klar. Dass rechtspopulistische Parteien in Deutschland (AfD) und Frankreich so zulegen, geht in dieselbe Richtung. Diese Parteien kämpfen gegen die Einwanderung von Flüchtlingen, die ein Aspekt der Globalisierung ist.

Was hat es denn nun mit der Globalisierung auf sich? Ist sie für die Menschen in Staaten wie Deutschland eher ein Vorteil oder doch ein Nachteil? Die Zahlen sind eindeutig. Die Wirtschaftsleistung ist in Deutschland durch die Globalisierung stark gestiegen. Das heißt, dass mehr Einkommen für die Menschen entstanden ist. Von der Globalisierung profitieren also viele Bürger. Aber manche auch nicht. Man muss sich bestimmte Wirkungen genau anschauen.

Die Globalisierung sorgte für einen neuen Konkurrenzdruck bei manchen Arbeitsplätzen. Ein deutscher Stahlarbeiter konkurriert jetzt plötzlich mit Stahlarbeitern in Indien oder Vietnam, wo die Löhne niedriger sind. Ein deutscher Arbeiter in der Automobilindustrie konkurriert mit Arbeitern in China oder Ungarn, wo die Löhne niedriger sind. Manche Jobs wandern dahin, wo die Arbeitskräfte billiger sind. Diesen Konkurrenzdruck gab es so nicht, als Unternehmen vor allem für ihr Land produzierten.

Die finanziellen Folgen der Globalisierung sind ungleich verteilt.

Einerseits hat die weltweite Vernetzung insgesamt zu deutlich mehr Wohlstand der Länder geführt. In China und Indien entstand eine Mittelschicht mit höheren Einkommen, die es vorher nicht gab. In Industriestaaten wie Deutschland haben viele Menschen mehr Einkommen.

Gleichzeitig gerieten aber bestimmte Industriejobs unter Druck. Die Löhne stiegen nicht mehr oder sanken sogar. Manche Arbeitsplätze wanderten ins Ausland ab. So werden in Deutschland kaum noch Kleidung oder Schuhe hergestellt. Auch Stellen wie die im Stahlwerk von Georg, dem Bruder von Mehmets Vater, sind verschwunden. Wie Georg müssen zahlreiche Arbeitnehmer auf andere Jobs umsteigen, oft solche, die nicht so gut bezahlt sind, wie das Ausfahren von Paketen.

Der Umstieg auf einen anderen Job gelingt nicht so einfach, sagt der Ökonom *Jens Südekum*: «Die Schneider und Stahlarbeiter von gestern sind nicht die Unternehmensberater von morgen. Man trifft sie eher hinter der Supermarktkasse wieder.»

Die Globalisierung nutzt also vielen, aber manchem schadet sie. Das zeigt, dass es in der Wirtschaftspolitik keine so einfachen Lösungen gibt, wie Populisten behaupten. Was wäre hier die einfache Lösung? Die Globalisierung stoppen, wie es Donald Trump versuchte? Dann würde die Weltwirtschaft schrumpfen. Die Menschen hätten insgesamt weniger Einkommen. Alles so weiterlaufen zu lassen wäre aber auch nicht richtig. Die Politik sollte sich um jene kümmern, denen die Globalisierung schadet.

Der Erfolg des Populismus von Politikern wie Trump ist kein Zufall. Er kommt auch daher, dass die Kluft zwischen Arm und Reich zugenommen hat. Und dass die Regierungen sich lange Zeit nicht um die Verlierer der Globalisierung wie Georg gekümmert haben. Sie können aber etwas tun. Etwa indem sie das Netto-Einkommen der Mittelschicht und der Ärmeren in der Gesellschaft erhöhen. **Netto-Einkommen** ist das, was jemand als Verdienst auf dem Konto hat, nachdem Steuern und Sozialbeiträge abgezogen sind. Das Netto-Einkommen lässt sich erhöhen, indem der Staat Steuern und Sozialbeiträge für jene senkt, die nicht so viel verdienen. Die Mittelschicht und ärmere Arbeitnehmer müssten dann weniger davon zahlen, Georg hätte von seinem Verdienst als Paketbote mehr übrig. Der finanzielle Verlust gegenüber seinem früheren Job als Stahlwerker wäre geringer als jetzt.

Das Geld für diese Maßnahmen kann sich der Staat holen, indem er die Steuern für Reiche und Unternehmen erhöht. Diese haben von der wirtschaftlichen Entwicklung der vergangenen Jahre besonders stark profitiert. So stiegen die Einkommen der Unternehmer und die Erträge aus Vermögen wie Häusern seit dem Jahr 2000 stark an, viermal so stark wie die Löhne der Arbeitnehmer.

Was kann eine Regierung noch tun? Sie kann eine gezielte

Arbeitsmarktpolitik umsetzen und von Arbeitslosigkeit bedrohten Arbeitnehmern bei ihrer Weiterqualifizierung helfen. Etwa, indem sie die Möglichkeit bekommen, neue Dinge für ihren Beruf zu lernen, um höhere Anforderungen zu meistern (**Weiterbildung**), oder indem sie einen ganz anderen Beruf lernen (**Umschulung**). Beides wird vom Staat finanziell unterstützt.

Denken wir noch einmal an den Stahlwerker Georg, der seinen Job verloren hat. Er hat in der Zeitung gelesen, dass Informatiker sehr gefragt sind, die zum Beispiel Software schreiben. Aber er konnte nicht einfach an die Uni gehen und Informatik studieren. Erstens hat er kein Abitur, also keine Berechtigung zum Studium. Zweitens muss seine Familie in der Zeit des Studiums von etwas leben. Georg fing deshalb erst mal als Paketbote an. Was könnte ihm helfen, einen besser bezahlten Job zu bekommen? Zunächst eine gute Beratung der Arbeitsagentur. Welcher neue Beruf passt zu seinen Kenntnissen und Fähigkeiten? Wo hat er gute Aussichten, einen Job zu finden? Er entscheidet sich für Altenpflege. Er kann gut mit Menschen umgehen, und da wird dringend Personal gesucht. Für die Zeit der Ausbildung kann er finanzielle Unterstützung beantragen.

Solche Anstrengungen sind nicht immer erfolgreich. Manchem Arbeitnehmer gelingt es nicht, einen neuen Beruf zu erlernen. Er oder sie scheitert an der Herausforderung oder fühlt sich zu alt und versucht es deshalb gar nicht erst. Aber der Staat kann auf jeden Fall etwas erreichen, wenn er sich um diese Menschen kümmert.

Bei den Verlierern der Globalisierung gibt es noch ein Problem. Oft gehen in bestimmten Regionen eines Landes besonders viele Arbeitsplätze verloren, weil dort eine Wirtschaftsbranche besonders verbreitet ist, die gegenüber der Konkurrenz im Ausland nicht bestehen kann. So war es in Deutschland mit den Stahlwerken im Ruhrgebiet oder mit der Schuhindustrie in Rheinland-Pfalz. Schuhe werden heute viel billiger in Südeuropa oder Asien gefertigt. Pirmasens, einst das Herz der deutschen

Schuhindustrie, verlor 90 Prozent seiner 30 000 Arbeitsplätze. «Es legte sich eine Depression über die Stadt», schilderte mir ein Pfarrer dort.

In so einer Situation hilft es nicht allein, Schuhmacher umzuschulen. Es gibt auch gar nicht genug Firmen, die Arbeitsplätze anbieten. Gut wäre es, wenn einige Menschen mutig genug wären, sich in einer ganz anderen Stadt oder Region einen Job zu suchen. Außerdem kann die Regierung durch **Regionalpolitik** helfen. Was heißt das? Zuschüsse für Firmen, die sich in der Region ansiedeln. Verkehrswege und Gebäude sanieren, um Arbeitsplätze am Bau zu schaffen. Gleichzeitig entsteht dadurch eine bessere **Infrastruktur**, die Unternehmen bei ihrer Tätigkeit hilft. Nicht immer funktioniert so eine staatliche Politik. Manchmal wird das Geld auch für Dinge verschwendet, die niemandem wirklich weiterhelfen. Deshalb ist es wichtig, dass Wissenschaftler solche Maßnahmen überprüfen.

Wie wir zur Dienstleistungsgesellschaft werden

Vielleicht denkst du: Hat das alles wirklich einen Sinn? Werden nicht auf Dauer alle Arbeitsplätze aus Deutschland abwandern, wenn woanders die Löhne niedriger sind? Solche Sorgen haben viele Bürger in den Industriestaaten – allerdings gibt es sie schon seit vielen Jahrzehnten. Trotzdem werden in Deutschland noch Stahl und Autos produziert. Damit das passiert, muss aber bei höheren Löhnen die **Qualifikation** der Arbeitnehmer höher sein. Dadurch steigt die **Produktivität**.

Produktivität heißt, ein Arbeiter braucht weniger Zeit, um seine Aufgabe zu erledigen. Oder er macht weniger Fehler. Oder er liefert mehr Ideen, wie sich die Herstellung optimieren lässt. Das alles führt dazu, dass zum Beispiel ein Arbeiter in einer Autofabrik mehr Autos herstellt als vorher. Seine Produktivität ist gestiegen.

Die Lohnunterschiede zu anderen Ländern bewirken eine Veränderung. Sie führen dazu, dass in Deutschland zwar noch Autos hergestellt werden, aber keine Schuhe mehr. Ein Land mit hohen Löhnen verlegt sich auf technologisch anspruchsvolle Produkte, für die es gut ausgebildete Arbeitskräfte benötigt und Spezialisten wie Ingenieure und Chemiker. Also ist Deutschland bei Autos stark, bei Maschinen, Chemikalien oder Medikamenten auch. Massenware wie billige T-Shirts oder Schuhe werden dagegen inzwischen woanders hergestellt. Das nennt man **Strukturwandel**.

Aber vernichten die Lohnunterschiede nicht trotzdem irgendwann die deutschen Arbeitsplätze? Das wäre so, wenn China oder Indien Autos oder Maschinen mit der gleichen Qualität herstellen würde wie Deutschland. Und mit dauerhaft niedrigeren Löhnen. Aber weil sich solche Länder wirtschaftlich weiterentwickeln, steigen dort die Löhne auch. Chinesische Arbeitnehmer können für die Fähigkeiten, die es zum Bau eines Autos braucht, mehr Lohn fordern als für das Nähen von T-Shirts. Das Lohnniveau ist im ganzen Land gestiegen. Und so werden billige T-Shirts inzwischen nicht mehr in China gefertigt, sondern in Bangladesch. Auch China erlebt also einen Strukturwandel.

Es gibt noch ein Argument, warum die Arbeitsplätze in Deutschland nicht verschwinden. In direkter Konkurrenz mit anderen Ländern stehen vor allem die Arbeiter aus der Industrie. Für viele Dienstleistungen, die an einen Ort in Deutschland gebunden sind, gilt das nicht. Klar, auch Friseure in China oder Polen sind billiger als deutsche. Jenny geht trotzdem nicht zu einem Friseur in China oder Polen, um sich die Haare schneiden zu lassen. Die Fahrt lohnt sich nicht. Das gleiche gilt für Ärztinnen, Architekten, Lehrer und viele andere Dienstleistungsberufe.

In Deutschland gibt es heute trotz der Lohnunterschiede und der globalen Konkurrenz nicht weniger Arbeitsplätze als vor

20 oder 40 Jahren. Das liegt auch daran, dass es einen Strukturwandel weg von der Industrie hin zu Dienstleistungen gegeben hat. Also weg von der Herstellung anfassbarer Produkte wie Stahl, Kleidung oder Fahrrädern hin zu Dienstleistungen wie Apps, Nageldesign oder Werbekampagnen. In den 1960er-Jahren arbeiteten die meisten deutschen Arbeitnehmer in der Industrie. Heute ist es nur knapp jeder vierte. Deutschland wurde wie andere Industriestaaten zu einer **Dienstleistungsgesellschaft**. Die Industrie ist bei uns trotzdem noch stärker vertreten als in anderen Ländern.

ARBEITNEHMER UND SELBSTÄNDIGE IN DEUTSCHLAND NACH WIRTSCHAFTSSEKTOREN

Jahr	Insgesamt in 1000	Landwirtschaft Anteil in %	Industrie Anteil in %	Dienstleistungen Anteil in %
2021	44 920	1,3	23,8	75,0
2011	41 544	1,6	24,6	73,8
2001	39 859	1,8	28,0	70,2
1991	38 871	3,0	35,6	61,3
1981	27 453	5,0	40,5	54,5
1971	26 710	7,9	46,1	46,0
1961	26 426	13,1	48,5	38,5
1951	20 091	23,1	44,2	32,7

Quelle: Statistisches Bundesamt (Stand: 25. Mai 2022)

Dieser Wandel wirkt sich auch für die Arbeitnehmer aus. Einerseits gibt es weniger schmutzige und gefährliche Arbeit, wie sie zumindest früher in Fabrikhallen üblich war. Das ist positiv. Es gibt aber auch einen Nachteil. In der langen Zeit der Industrialisierung seit dem 19. Jahrhundert bauten Gewerkschaften eine starke Stellung in den Industriebetrieben auf. Sie setzten dadurch meist höhere Löhne für die Arbeitnehmer durch. Im später entstandenen Dienstleistungsbereich sind weniger Mitarbeiter in einer Gewerkschaft. Das ist ein Grund, warum die Löhne hier oft niedriger ausfallen: in Supermärkten, bei Paketboten oder in sozialen Berufen wie Krankenpfleger oder Erzieherin im Kindergarten.

Vernichtet der technische Fortschritt unsere Jobs?

Technischer Fortschritt war zentral für die Industrialisierung, die der Menschheit ungekannten Wohlstand gebracht hat: von Dampfmaschinen bis zu Eisenbahnen. Der Fortschritt geht immer weiter und verändert die Wirtschaft radikal. Früher konnten die Menschen nicht telefonieren, mailen oder chatten. Sie informierten sich durch Briefe, was Tage oder Wochen dauerte. Dann kam das Telefonieren. Aber für Telefonate brauchte es lange Zeit Telefonistinnen, die die Gespräche zusammenschalteten. Dann gab es Wählscheibenapparate, mit einem festen Kabel zur Wand. Da konnte man nur an einem bestimmten Ort in der Wohnung sprechen. Frag mal deine Großeltern, die hatten so was noch. Mit den heutigen Mobiltelefonen kannst du überall telefonieren. Und nicht nur das. Du kannst Dinge tun, für die man vorher ein eigenes Gerät brauchte: eine Uhr, um die aktuelle Zeit zu kennen, einen Laptop, um ins Internet zu kommen, einen Fernseher, um einen Film anzuschauen, eine Kamera, um zu fotografieren.

Die US-Firma Kodak sorgte einst mit ihren Kameras dafür, dass die Amerikaner anfingen, in der Freizeit ständig zu fotografieren. Ein neues Massenprodukt war geboren. Kodak produzierte die Filme, die man einlegen musste. Das Unternehmen erfand auch die Digitalkamera und brachte das erste Modell auf den Markt. Trotzdem überrollte der Fortschritt die Firma. Heute fotografieren die Menschen vor allem mit ihren Smartphones. Du und deine Freunde bestimmt auch. Kodak mit seinen einst Zehntausenden Mitarbeitern ging pleite. Dafür aber beschäftigt Apple, mit dessen

iPhones die Leute auch fotografieren, 150 000 Mitarbeiter. Und viele Zehntausend schrauben die iPhones bei Auftragsherstellern in Asien zusammen.

So verschwinden in der Marktwirtschaft Arbeitsplätze, Firmen und ganze Wirtschaftsbranchen. Dafür entsteht Neues. Gerade ist es die Digitalisierung, die vieles verändert – mit Musik auf dem Smartphone statt schwarzer Vinylplatten und silberner CDs, die früher gängig waren. Mit gestreamten Serien statt Filmen auf Videokassette, mit Social Media statt Freunde im Restaurant zu treffen. Die Corona-Pandemie hat den Wandel zum Digitalen beschleunigt. Statt in den Laden zu gehen, bestellen noch mehr Menschen Produkte online. Statt für einen beruflichen Termin zu verreisen, sprechen Beschäftigte in Videokonferenzen miteinander.

Der Strukturwandel erfasst alle Branchen. Die Autoindustrie ist in Deutschland die größte Industriebranche. Sie beschäftigt etwa eine Million Menschen. VW, Mercedes oder BMW verkaufen Fahrzeuge in die ganze Welt. Gerade verändert sich die Industrie so stark wie noch nie, seit vor knapp 150 Jahren das Auto erfunden wurde. Umweltfreundlichere Elektroantriebe verdrängen allmählich die herkömmlichen Benzin- und Dieselmotoren. Die Gewinne bei den Autos werden künftig stark mit Software verdient. Die anfassbaren Teile wie Motor oder Karosserie werden unwichtiger. Der US-Hersteller Tesla kam aus dem Nichts und hatte mit seinen Elektroautos großen Erfolg. Jetzt baut er sie auch in einer neuen Megafabrik in Brandenburg. Werden deutsche Autofirmen in Zukunft noch weltweit an der Spitze sein? Oder geht es ihnen wie dem Kamerahersteller Kodak? Das ist für den Wohlstand in Deutschland eine wichtige Frage.

Warum die Menschen nicht überflüssig werden

Generell befürchten die Menschen seit Langem, dass der technische Fortschritt sie überflüssig machen könnte. Dass Maschinen die Jobs von Menschen übernehmen und diese dann arbeitslos sind. Und dass die Menschen nicht wissen, wovon sie leben sollen. Diese Sorge ist verständlich. Maschinen haben dem Menschen schon viel Arbeit abgenommen. Das gilt gerade für einfache Tätigkeiten. Keiner benötigt mehr Telefonistinnen, die Gespräche vermitteln. Es braucht weniger Bankangestellte, die am Schalter Geldscheine auszahlen. Das erledigt der Bankautomat, oder die Menschen zahlen im Geschäft gleich per Handy. So sind viele Jobs verschwunden.

Neue Technologien und die Globalisierung haben in Deutschland seit den 1990er-Jahren rund 2,5 Millionen Arbeitsplätze vernichtet. 2013 erregten die Ökonomen *Carl Benedikt Frey* und *Michael A. Osborne* mit einer Prognose Aufsehen. Demnach können Computer, Roboter und andere Maschinen jede zweite Tätigkeit übernehmen. Deshalb sei die Hälfte aller Arbeitsplätze in den USA in Gefahr – und so auch in anderen Staaten.

Was Hoffnung gibt: Die Menschen machen sich schon sehr lange Sorgen. Vor der Industrialisierung nähten Menschen die Kleidung selbst. Die Webmaschinen vernichteten diese Jobs, aber es entstanden eben neue. So war es bisher immer. In der deutschen Industrie sind heute viermal so viele Roboter im Einsatz wie vor 20 Jahren. Das sind so viele Roboter, wie sonst nur noch in Südkorea und Japan. Trotzdem sind in der deutschen Industrie nicht massenhaft Arbeitsplätze verschwunden. Maschinen helfen Menschen oft, eine Arbeit schneller oder besser zu erledigen. Die Maschine ersetzt dann aber nicht den Menschen. Der kümmert sich darum, dass sie läuft. Er übernimmt zusätzlich andere Aufgaben, für die er vorher keine Zeit hatte. Außerdem entstehen ständig neue

Produkte – und damit neue Jobs. Ja, bei Kameraherstellern wie Kodak sind viele Arbeitsplätze verloren gegangen. Dafür gibt es aber Zehntausende Stellen durch die Smartphones, die es vor zwanzig Jahren noch gar nicht gab. Und mehr als 60 000 Stellen bei Facebook, das vor zwanzig Jahren auch noch nicht existierte.

Neu ist, dass der technische Fortschritt heute auch immer mehr höher qualifizierte Jobs überflüssig machen könnte. Medizinische Geräte können über neue Bildverfahren Krankheiten feststellen, so dass es vielleicht weniger Ärzte braucht. Frey und Osborne schätzen, Maschinen könnten sogar jeden zweiten Programmierer überflüssig machen. Dabei galt doch Programmierer als Zukunftsberuf. Wie das ausgeht, weiß noch niemand. Wer in die Geschichte blickt, kann aber hoffen.

Es gibt Ökonomen, die es als Chance sehen, dass Maschinen mehr Arbeit erledigen. Weil die Maschinen das Schmutzige und Gefährliche übernehmen und für die Menschen die Arbeit bleibt, für die man mehr nachdenken muss: das Kreative, das Beraten anderer Menschen. Das, was mehr Spaß macht, als am Fließband ölige Teile zusammenzustecken wie ich damals in der Autofabrik. Ökonomen sehen noch einen anderen Vorteil. Weniger arbeiten ist ja nicht unbedingt ein Nachteil. Es bedeutet mehr Freizeit. Die kann man genießen – wenn man so viel Geld verdient wie vorher.

Und das passiert sogar schon seit längerer Zeit. Menschen leben auch von dem, was die Maschinen produzieren.

Vor der Industrialisierung schufteten die Bauern von morgens bis abends auf den Feldern, zehn bis zwölf Stunden am Tag. Heute arbeiten sie meist acht Stunden. Der britische Ökonom *John Maynard Keynes* sagte vor knapp hundert Jahren voraus, dass es bald nur noch drei Stunden am Tag sein würden. Die Menschen hätten dann viel mehr Freizeit.

Diese schöne Vorstellung setzt aber eines voraus: Das, was die Maschinen produzieren, muss unter den Menschen verteilt werden. Heute besitzen in Deutschland nur 10 Prozent der Bürger die Unternehmen, denen die Maschinen gehören. Damit alle Menschen von der Arbeit der Maschinen profitieren, gibt es zwei Wege. Erstens: Alle Menschen bekommen Anteile an den Unternehmen. Zweitens: Der Staat erhebt höhere Steuern auf die Gewinne der Firmen und verteilt das Geld an die Menschen, die keine Anteile besitzen. Geschieht das nicht, wird sich die Kluft zwischen Arm und Reich weiter vergrößern.

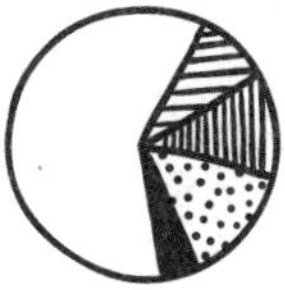

6. KAPITEL
Klimawandel und Armut

Was das CO_2 anrichtet

Mehmet dachte erst, das mit den Protesten sei eine Mode und bald wieder vorbei, so wie andere Aktionen. Aber das hier dauerte an. Auch wenn es zunächst Ärger mit der Schule gab, weil er früher ging: Er hatte ein immer besseres Gefühl, wenn er freitags bei den Klimademos von *Fridays for Future* mitmachte. Weil *Greta Thunberg, Luisa Neubauer* und die anderen Aktivistinnen und Aktivisten das ewige Mehr-Klimaschutz-geht-nicht der Politiker, Manager und Eltern wegwischen. Weil seine Generation zeigt, dass sie hinschaut, wie die Verwüstung des Planeten voranschreitet. Und weil weltweit immer mehr Politiker, Manager und Eltern beginnen zuzuhören. Mehmet ist klar, dass es der Beginn eines langen Weges ist.

Firmen und die Lebensweise der Menschen müssen sich radikal ändern, um den **Klimawandel** zu begrenzen. Diese Veränderung ist eine der ganz großen Wirtschaftsfragen unserer Zeit.

Seit Beginn der Industrialisierung ist die Erde bereits um mehr als ein Grad wärmer geworden. Ein Grad klingt nicht nach viel, hat aber eine große Wirkung. Die Erwärmung kommt durch unser bequemes Leben, durch Autofahren und Heizen, Fabriken und Strom fürs Handy. Wenn dafür Kohle, Erdöl und Erdgas verfeuert werden, wird **Kohlendioxid** (CO_2) ausgestoßen. So heizt die Atmosphäre auf. CO_2 stellt das wichtigste Treibhausgas dar. Es verschuldet zwei Drittel der Aufheizung der Erde. Methan, vor allem aus der Haltung von Rindern für Fleisch und dem Anbau von Reis, ist für knapp 20 Prozent verantwortlich.

Die Staaten der Welt nehmen sich vor, die Aufheizung der Erde zu bremsen. Im **Pariser Klimaabkommen** 2015 haben sich viele Länder verpflichtet, die globale Durchschnittstemperatur um weniger als 2, möglichst nur 1,5 Grad steigen zu lassen. Aber es fehlt an wirksamen Beschlüssen, das zu erreichen. Die Europäische Union will bis spätestens zum Jahr 2050 klimaneutral werden. **Klimaneutralität** bedeutet, die Erde nicht mit zusätzlichen Abgasen zu belasten, die den Klimawandel verstärken.

Dafür muss der Ausstoß (**Emissionen**) von CO_2 durch Autos, Fabriken oder Heizungen dramatisch sinken. Die zweite Möglichkeit besteht darin, Bäume, möglichst ganze Wälder anzupflanzen, die Kohlendioxid absorbieren. Und die dritte Möglichkeit: es in unterirdischen Lagerstätten speichern.

Europa tritt mit seinem Ziel als Vorreiter auf. Doch es gibt Zweifel, ob die EU-Länder genug tun, um es zu erreichen. In jedem Fall kann Europa alleine nicht viel ausrichten. China stößt etwa 30 Prozent der globalen CO_2-Emissionen aus, die USA fast 15 Prozent. Indien, Russland und Japan zusammen weitere 15 Prozent. Deutschland ist für 2 Prozent verantwortlich.

Noch klarer wird das Bild, wenn man die schädlichen Emissionen pro Kopf betrachtet. Demnach bläst ein Amerikaner doppelt so viel CO_2 in die Luft wie ein Chinese. Und ein Deutscher mehr als ein Chinese – und 300 Mal so viel wie ein Bewohner des afrikanischen Landes Burundi. 300 Mal so viel! Die ärmeren Länder in Afrika, Asien oder im Pazifik haben aber oft mehr unter dem Klimawandel zu leiden als die Industriestaaten, die für die Erderwärmung maßgeblich verantwortlich sind.

Dürren, Überschwemmungen, Artensterben

Was geschieht, wenn sich die Erde bis Ende des Jahrhunderts anders als geplant um 3 Grad aufheizt? Forscher des **Potsdam-Instituts** für Klimafolgenforschung oder der Gemeinsamen Forschungsstelle der Europäischen Union entwerfen Szenarien.

> **DIE 3-GRAD-WELT**
>
> **Wenn sich das Klima um 3 Grad erwärmt, wird das die Erde ziemlich verändern. Es gibt dann zum Beispiel mehr solche Hitzewellen wie jene, die im Sommer 2021 in Nordamerika Hunderte Menschenleben kostete. Einfach weil ihr Kreislauf die Hitze nicht aushielt. Die Hälfte der Weltbevölkerung von mehr als 8 Milliarden Menschen ist solchen Hitzewellen dann an mindestens zwanzig Tagen im Jahr ausgesetzt. Es wird zu *Dürren* und *Missernten* kommen. Und zu noch mehr Wald- und Buschbränden.**
>
> **Es wird öfter solchen Starkregen geben wie der, der im Sommer 2021 Häuser in Nordrhein-Westfalen und Rheinland-Pfalz überflutete und Menschen tötete. In einer 3-Grad-Welt wird es auch viel mehr *Überschwemmungen* geben. Das könnte jedes Jahr 130 Millionen Menschen treffen und dabei 16 000 Menschen umbringen.**
>
> **In Deutschland dürften sich von der Asiatischen Tigermücke übertragene Krankheitserreger einnisten, und zum Beispiel das Denguefieber würde auftreten. Schon bei weniger als 3 Grad Erwärmung sterben wohl fast alle Korallenriffe. Damit verschwinden nicht nur viele Tiere und Pflanzen für immer, so wie der Klimawandel insgesamt zu dramatischem *Artensterben* führt. Ohne die Fische fehlt dann auch die Ernährung von Millionen Menschen.**

Und das ist nur ein Ausschnitt dessen, was dem Planeten bevorsteht. Die Klimakatastrophe stellt nur eines der brennenden ökologischen Probleme dar, aber langfristig wohl das größte. Es ist auch eine Wirtschaftsfrage. Wie müssen die Unternehmen ihre Produktion verändern? Was muss sich beim Energieverbrauch, im Verkehr, in Häusern ändern? Wie müssen wir uns beim Konsum verhalten, um den Klimawandel zu bremsen? Gerade wir Deutsche, die wir 300 Mal so viel CO_2 in die Luft blasen wie ein Einwohner von Burundi in Afrika.

Wie sich der Klimawandel bekämpfen lässt

Der von Menschen gemachte Klimawandel kommt zum größten Teil aus der Industrialisierung und dem Konsum durch Wohlstand. Er kommt aus **fossilen Energien** wie Kohle, Öl und Erdgas. Ein wichtiger Schritt wäre, diese CO_2-reichen Brennstoffe zu ersetzen: Durch **erneuerbare Energien** wie **Windkraft**, **Solarenergie**, Wasser, Biomasse. Autos können mit Elektrobatterien angetrieben werden statt mit Benzinmotoren. Noch aber liegt der Anteil erneuerbarer Energien am weltweiten Verbrauch bei nur 15 Prozent.

Die 2021 gewählte Bundesregierung mit dem grünen Wirtschaftsminister **Robert Habeck** gab als Ziel aus, im Jahr 2030 80 Prozent des Stroms aus erneuerbaren Energien zu erzeugen – statt wie bisher geplant 50 Prozent. Das wäre ein großer Schritt. Der russische Überfall auf die **Ukraine** liefert ein weiteres Motiv, schnellstmöglich auf Wind, Sonne und andere erneuerbare Energien umzusteigen. Denn damit würde sich Deutschland auch unabhängig von russischem Öl und Gas machen, von dem es bisher stark abhing – und damit ungewollt Wladimir Putins Krieg in der Ukraine mitfinanzierte.

Energie ist auch extrem wichtig dafür, dass Unternehmen ökologischer produzieren. Produkte können mit Wasserstoff hergestellt werden. Der Strom dafür soll aus erneuerbaren Energien kommen. So könnten sogar besonders energieintensive Produkte wie Stahl klimaneutral erzeugt werden: ganz ohne Kohlendioxid-Emissionen.

Ein paar Zahlen machen deutlich, wie viel in Deutschland passieren muss. Von 1990 bis 2020 schrumpft der Ausstoß von Treibhausgasen um 40 Prozent. Um die Klimaziele der Bundesregierung zu erreichen, muss der Ausstoß von 2021 bis 2030 nochmal genauso stark schrumpfen. Also in einem Drittel der Zeit genauso stark. Die Regierung muss dafür circa 50 Milliarden Euro im Jahr ausgeben, rechnen Ökonomen vor. Das wären mehr als 10 Prozent ihrer gesamten bisherigen Staatsausgaben.

Wo muss sich am meisten ändern? Die meisten Treibhausgas-Emissionen stoßen die Energiefirmen aus, etwa bei der Stromproduktion. Hier wäre der Wandel zu erneuerbaren Energien entscheidend. Der zweitgrößte Verursacher ist die Industrie. Sie muss klimafreundlicher produzieren, in Zementwerken genauso wie in Chemieanlagen, Maschinenfabriken oder bei Autoherstellern. Weitere große Bereiche sind die Landwirtschaft und die Gebäude, die im Winter geheizt und im Sommer durch Klimaanlagen heruntergekühlt werden. Drei von vier Häusern in Europa sind energietechnisch mangelhaft. Die Europäische Union will Anreize geben, um Gebäude klimafreundlich umzubauen. Bei alten Gebäuden soll das vorgeschrieben werden.

Wichtig ist auch der **Verkehr**, vor allem Autofahren, Flugreisen und der Transport von Waren durch Lastwagen. Mit der Bahn zu fahren ist umweltfreundlicher, aber viele Menschen sind eben bequem. Auto und Flugzeug sind oft schneller. Das Auto steht vor der Haustür, man muss nicht zur Bus- oder U-Bahn-Haltestelle laufen, kann jede Menge Gepäck mitnehmen und bleibt bei Regen trocken. Wer nach Spanien oder Thailand in den Urlaub will, kommt nur mit dem Flugzeug schnell hin.

Emma überlegt, wie sie ihren Urlaub umweltfreundlicher gestalten kann. Sie liebt es, weit entfernte Länder zu erkunden, wie Vietnam oder Peru. Aber da muss sie mit dem Flugzeug hin, und das stößt wahnsinnig viel CO_2

aus. So ein Urlaub hinterlässt einen tiefen *ökologischen Fußabdruck*. Emma beschließt, dieses Jahr im Sommerurlaub durch Frankreich zu radeln. Im langsamen Tempo des Fahrrads erlebt sie doch die Landschaft viel intensiver. Und das Essen dort ist für sie eh ein Highlight.

Produkte auf Lkw zu transportieren statt mit der umweltfreundlichen Bahn kostet oft weniger. Schneller, bequemer, billiger: Kein Wunder, dass sich im Verkehrsbereich besonders wenig tut. In den vergangenen 30 Jahren sind die CO_2-Emissionen in diesem Bereich überhaupt nicht gesunken. Dabei ist der Verkehr der drittgrößte Klimasünder in Deutschland. Nun soll der CO_2-Ausstoß bis 2030 um fast die Hälfte sinken. Damit das klappt, sollen dann mindestens 15 Millionen Elektroautos auf deutschen Straßen fahren. Etwa in diesem Zeitraum sollen keine neuen Autos mehr zugelassen werden, die mit Benzin und Diesel fahren, so wie sonst immer in den vergangenen 150 Jahren, seit es Autos gibt. Eine ganze Epoche geht zu Ende. Sie muss zu Ende gehen.

Wann der Staat eingreifen muss

«Waldbrände in Indonesien, Überschwemmungen in den USA: An Klimaphänomenen fehlte es in den vergangenen Monaten nicht», schrieb ich in einem Artikel in der Süddeutschen Zeitung. «Die Prognosen gelten unverändert. Bläst die Menschheit weiter so viel Kohlendioxid in die Luft, wird es auf der Erde in 100 Jahren ein paar Grad wärmer sein. Es drohen Stürme, Missernten und Malaria in Gebieten, die bisher davon verschont sind. Steigt der Meeresspiegel so stark an wie befürchtet, sinkt ein Fünftel von Bangladesch unter Wasser.»

Das klingt so ähnlich wie die möglichen Klimaschäden, von denen vorhin die Rede war, oder? Allerdings erschien mein Artikel schon im Jahr 1998!! Andere ökologische Warnungen wie die des *Club of Rome*, einer Expertengruppe aus über 30 Ländern, von 1972 sind noch älter.

Du fragst bestimmt, warum hat sich so wenig getan in all den Jahren? Wird sich das jetzt ändern? Klar ist: Nur davon, dass alle darüber reden, tut sich noch nicht genug.

Es gibt mehrere Gründe, warum es so lange dauert, bis sich Firmen und Menschen klimafreundlicher verhalten. Klar, Bequemlichkeit ist einer, aber nicht der einzige. Firmen und Menschen konnten stets das Klima belasten oder die Umwelt schädigen, ohne dafür zu bezahlen. Das ist im normalen Leben anders. Wer bei Jenny eine Pizza funghi bestellt, muss zahlen, klar. Wenn ein Autohersteller Bleche für Motorhauben ordert, zahlt er. Wenn dieselbe Firma bei der Produktion CO_2 in die Luft bläst, zahlte sie bisher nichts. Ökonomen sagen: Die Autofirma verursacht durch die Belastung des Klimas **externe Kosten**. Die bezahlt sie aber nicht selbst, sondern andere. In diesem Fall die Allgemeinheit: Menschen und Tiere, die unter Überschwemmungen, Dürren oder Artenschwund leiden und in Zukunft leiden werden. Forscher schätzen die externen Kosten durch Umweltschäden, CO_2-Ausstoß und Naturverbrauch in Deutschland auf 500 bis 700 Milliarden Euro im Jahr. Das ist bis zu einem Fünftel des Bruttoinlandsprodukts – ein sehr hoher Preis unseres Wirtschaftens.

Die Idee ist, externe Kosten die Firma zahlen zu lassen, damit sie klimafreundlicher handelt. Wenn der Lieferant den Preis für die Motorhaubenbleche zu sehr erhöht, bestellt die Autofirma woanders. Sie reagiert auf Preissignale. Bei der Belastung des Klimas gab es bisher keine Preissignale. Das führte dazu, dass Firmen das Klima mehr belasteten, als es für die Allgemeinheit gut ist. Oder dass Menschen ständig mit dem Flugzeug reisten. Die externen Kosten für die Allgemeinheit schlugen sich nicht in den Flugtickets nieder. Ökonomen sprechen davon, dass der Markt versagt hat. **Marktversagen** liefert meist einen Grund für den Staat, um einzugreifen. Die Regierung kann zum Beispiel ein Produkt verbieten, das schädlich ist.

Deutschland hat 1991 Fluorkohlenwasserstoffe (FCKW) verboten, die in vielen Sprays enthalten waren. FCKW schädigen die Ozonschicht viele Kilometer über der Erde. Dadurch gelangt mehr ultraviolette Strahlung der Sonne auf die Erde, sie kann Krebs verursachen. Nach dem Verbot mussten die Firmen neue Stoffe für die Sprays verwenden.

Außer etwas zu verbieten kann der Staat auch Preissignale setzen. Dann bekommt die Autofirma einen finanziellen Anreiz, klimafreundlicher zu produzieren. Etwa indem sie Strom aus erneuerbaren Energien verwendet. Dieser Strom kostet bisher oft mehr. Daher war es für die Autohersteller billiger, Strom aus Kohle oder Gas einzusetzen. Wenn die Firma einen **CO_2-Preis** zahlen muss, sobald sie Kohlenstoff in die Luft bläst, ändert sich das. Dann lohnt es sich eher für sie, auf erneuerbare Energien umzusteigen, denn dann muss sie weniger CO_2-Preis zahlen. Es ist schwierig, genau die Kosten abzudecken, die der Klimawandel hervorruft. Sie liegen in der Zukunft und sind nur abzuschätzen. Trotzdem: Umweltschäden einen Preis zu geben, geht genau in die richtige Richtung. So werden jene belastet, die verantwortlich sind.

Deutschland hat 2021 einen CO_2-Preis für Verkehr und Wärme eingeführt. Das bedeutet, dass etwa Benzin teurer wird. Der CO_2-Preis beträgt zunächst 25 Euro je Tonne CO_2-Ausstoß. Er soll bis 2025 auf 55 Euro je Tonne steigen. Es wird kritisiert, dass der anfängliche CO_2-Preis zu niedrig ist, um etwa Autofahrer anzuregen, weniger zu fahren.

MIT VERSCHMUTZUNG HANDELN?

Ein weiteres Mittel, um die Klimakosten den Verursachern aufzubürden, ist der Handel mit Verschmutzungsrechten. Die Europäische Union hat diesen *Emissionshandel* im Jahr 2005 eingeführt. Unternehmen, die Strom produzieren oder viel Energie verbrauchen, bekommen erst mal eine Menge von Verschmutzungsrechten zugeteilt. Diese Menge sinkt dann jedes

Jahr. Die Unternehmen dürfen also jedes Jahr weniger Kohlendioxid in die Luft blasen. Sie müssen etwas tun.

Das ist der Zweck der Übung: die Unternehmen zu zwingen, weniger klimaschädlich zu produzieren. Energiefirmen können sauberen Strom aus Wind und Sonne herstellen statt aus Kohle. Die Industrie kann ihre Fabriken umbauen, um Beton oder Stahl klimafreundlicher zu produzieren. Wenn sie ihre Wirtschaftsweise radikal ändern, haben sie am Ende des Jahres vielleicht sogar mehr Verschmutzungsrechte übrig, als sie brauchen. Diese können sie an andere Firmen verkaufen, die weniger schnell sind. Deshalb heißt es Emissions-Handel.

Insgesamt gesehen blasen die Unternehmen seit 2005 jedes Jahr weniger Kohlendioxid in die Luft. Allerdings gibt es Kritik daran, dass der Zwang für die Unternehmen zu gering ausfällt. So bekamen einige Firmen, die besonders viel Energie verbrauchen, großzügig Verschmutzungsrechte zugeteilt, aus Angst, dass die Produktion sonst zu teuer würde und deshalb in Länder außerhalb Europas verlagert würde. Dort gelten oft weniger strenge Klimaregeln. Dadurch gehen dann Arbeitsplätze in Europa verloren. Deshalb teilten die Regierungen lieber großzügig Verschmutzungsrechte zu.

Umwelt und Arbeitsplätze – das ist oft ein Konflikt. Man kann es aber auch anders sehen. Wenn Europa Vorreiter beim Klimaschutz wird, kann es die dafür nötigen neuen Technologien und Produkte weltweit exportieren. Weil andere Kontinente womöglich noch nicht so weit sind. So lassen sich Klimaschutz und Arbeitsplätze verbinden.

Den Klimawandel aufzuhalten wird nur gelingen, wenn sich wirklich viel ändert. Wenn jeder von uns etwas tut, als Konsument, Arbeitnehmer, Unternehmer. Wenn sich die Wirtschaft wirklich durchgreifend ändert. Dabei gehen grüne Gründer voran.

Eva Neugebauer und Juliane Willing haben die Firma Frischepost gegründet. Das ist ein digitaler Laden, in dem Kunden online bestellen. Busse mit Elektromotor holen Obst, Gemüse und Brot bei Bauern und liefern sie an Kunden aus.

Christian Sigmund begann in gut bezahlten Jobs bei Google und YouTube daran zu zweifeln, dass er etwas Sinnvolles machte. Im Urlaub in Peru sah er, wie das Unwetter Massen von Plastik ins Meer spülte. Plastik, das nie mehr verschwindet. Christian Sigmund gründete die Firma Wildplastic. Sie macht aus Plastikmüll aus armen Ländern wie Indien neue Produkte. Wie Mülltüten aus Müll. «Eine recycelte Mülltüte spart bis zu 70 Prozent Kohlendioxid gegenüber der Produktion einer neuen Tüte», erklärt Sigmund.

Ist der Kapitalismus das Problem?

Allmählich fragst du dich wahrscheinlich, ob vielleicht das private Unternehmertum an sich das Problem ist. Manche Kritiker meinen tatsächlich, in einem kapitalistischen Wirtschaftssystem ist es unmöglich, den Klimawandel zu stoppen. Denn das menschliche Wirtschaften heizt die Erdatmosphäre erst seit der Industrialisierung so richtig an. Es stimmt auch, dass im Kapitalismus Firmen Gewinne machen dürfen und so einen Anreiz haben, immer mehr Produkte zu verkaufen. Dinge, die die Menschen vielleicht gar nicht brauchen, deren Masse aber den Klimawandel verschärft.

Muss die Menschheit also Kapitalismus und Marktwirtschaft abschaffen, um die Klimakatastrophe zu vermeiden? Das könnte zu kurz gedacht sein. Im 20. Jahrhundert gab es in Russland, in vielen Staaten Osteuropas und in China Kommunismus statt Kapitalismus. Dabei gehörten dem Volk die Fabriken. Heute weiß man: In den kommunistischen Ländern gab es mehr Umweltschäden als im kapitalistischen Westen. Über viele Probleme durften die dortigen Zeitungen nicht berichten, damit das Bild des Kommunismus keine Kratzer bekam. Einfach den Kapitalismus abzuschaffen, wird das Klima also nicht retten.

Sollte die Menschheit auf wirtschaftliches Wachstum verzichten, um das Klima zu retten? Der Gedanke hat etwas Logisches. **Nullwachstum** bedeutet, dass nicht mehr hergestellt wird als im Jahr zuvor. Die klimaschädliche Produktion nimmt dann nicht zu. Unter dem Stichwort **Postwachstum** oder **Degrowth** sind einige Forscher dafür, auf Wachstum zu verzichten. Wenn die Mehrheit einer Gesellschaft dazu bereit ist, lässt sich dadurch sicherlich die Umwelt schonen. Und haben wir Menschen in Deutschland nicht schon genug Produkte? Brauchen wir wirklich immer neue?

Allerdings wollen die meisten Menschen bei uns auch in Zukunft mehr verdienen und sich mehr leisten können, mehr konsumieren. Parteien, die für Nullwachstum plädieren, bekommen kaum Wählerstimmen. Man kann vielleicht die Menschen verstehen, die wenig verdienen. Für sie ist Wachstum und dadurch mehr Einkommen eine Chance. Richtig ist auch, dass Wachstum zusätzliches Geld bedeutet, um in Klimaschutz zu investieren, in neue Windräder oder umweltschonende Technologie. Daher sprechen sich andere Forscher dafür aus, lieber Wachstum und Energieverbrauch noch mehr zu trennen. Also beispielsweise dafür zu sorgen, dass mit erneuerbaren Energien produziert wird.

Wie ist es mit dem Nullwachstum, wenn man es weltweit betrachtet? Von der Industrialisierung haben bisher die Menschen im Westen am meisten profitiert, die Bewohner Afrikas, Südamerikas und Asiens weniger. Wirtschaftliches Wachstum zu stoppen hieße, Milliarden Menschen auf diesen Kontinenten den Wohlstand zu verweigern, den wir im Westen seit Langem genießen. Das wäre unfair, ja arrogant. Die Vereinten Nationen (UN) beziehen das ein, wenn sie in ihren **Zielen für nachhaltige Entwicklung** bis zum Jahr 2030 nicht nur ökologische Fragen behandeln. Zu den Zielen gehört auch: Wirtschaftswachstum.

Warum bleiben manche Länder arm?

Die Vereinten Nationen haben mehrere Ziele für eine nachhaltige Entwicklung ausgerufen. Kein Mensch soll mehr hungern oder in absoluter Armut leben. In Ländern wie Deutschland ist für die Grundbedürfnisse fast aller Menschen gesorgt. Sie haben genug zu essen, Wasser, ein beheiztes Zuhause, ausreichende medizinische Versorgung. Und sie können sich vieles kaufen.

Anderswo auf dem Erdball sind viele Bürger richtig arm. Besonders in Afrika, Südamerika und Asien. **Absolute Armut** messen die Vereinten Nationen am Einkommen – weniger als 1,90 Dollar am Tag. Absolute Armut liegt auch vor, wenn ein Grundbedürfnis nicht gedeckt ist: Essen, ein Zuhause, ärztliche Versorgung, sauberes Wasser, Kanalisation und Bildung.

Warum leben so viele Menschen in Armut, wenn der Kapitalismus für viele andere Wohlstand schafft? Das ist eine berechtigte Frage.

Der Wohlstand der Industriestaaten kommt vor allem durch ihre Industrialisierung. Als in Deutschland oder Italien überwiegend Bauern lebten, waren diese Länder viel ärmer als heute. Die armen Länder in Afrika, Südamerika und Asien sind landwirtschaftlich dominiert. Eine Industrialisierung verspricht ihnen mehr Wohlstand. Ebenso ein Rückgang der Geburtenrate, wie er in Deutschland mit der Industrialisierung kam. Wenn die Bevölkerung schneller zunimmt als die Wirtschaftsleistung eines Landes, nimmt das Einkommen pro Kopf ab.

In den vergangenen Jahrzehnten haben zahlreiche Nationen wirtschaftlich aufgeholt, und zwar durch Industrialisierung und moderne Dienstleistungen. Dazu zählen China und Indien, Brasilien, Mexiko und Südafrika. Sie stehen mindestens an der Schwelle zum Industrieland. Man nennt diese Länder daher **Schwellenländer**. Ärmere Länder nennt man **Entwicklungs-**

länder. Dabei wird noch mal unterschieden: Die etwa 50 allerärmsten, am wenigsten entwickelten Länder bilden eine eigene Kategorie. Dabei handelt es sich meist um afrikanische Länder. Weltweit lebt etwa ein Drittel der Menschen in Industriestaaten, zwei Drittel leben in Schwellen- und Entwicklungsländern.

Ein weiterer Grund für die Armut mancher Länder ist, dass Europa und die USA die anderen Kontinente jahrhundertelang beherrschten. Als Kolonialmächte beuteten sie die Länder schamlos aus, unterdrückten und töteten die Bevölkerung. Viele Entwicklungsländer wurden erst in den 1960er- und 1970er-Jahren unabhängig. Zuvor konnten sie ihre wirtschaftliche Entwicklung nicht selbst bestimmen, keine Demokratien und Bildungssysteme aufbauen.

Im Westen dauerte es mehr als 100 Jahre, bis größere Teile der Bevölkerung mit der Industrialisierung zu Wohlstand kamen. So lange sind die meisten Entwicklungsländer noch gar nicht unabhängig. Die Kolonialmächte zogen oft Landesgrenzen mit dem Lineal, ohne Rücksicht auf Völker und Sprachen. Um ihre Herrschaft zu festigen, säten sie Streit zwischen ethnischen Gruppen, die nun willkürlich zusammengewürfelt leben oder aber durch Landesgrenzen getrennt sind. Sie bekriegen sich zum Teil bis heute. Und das bremst jeden Fortschritt.

Entwicklungshilfe und Korruption

Negativ wirken auch Herrschaftseliten, die teils in der Kolonialzeit installiert wurden und vor allem in die eigene Tasche wirtschaften. Politiker, ihre Familie und Günstlinge reißen sich große Teile der Wirtschaft und der Bodenschätze eines Landes unter den Nagel. Sie schwelgen im Luxus, während die Masse der Bevölkerung arm bleibt. In vielen Entwicklungsländern gibt es gar keine funktionierenden Marktwirtschaften. Die Gerichte sind manipuliert. Diktatorische Politiker entscheiden, wer eine Firma eröffnen darf. Es darf sich nur wirtschaftlich betätigen, wer Politikern Geld dafür gibt. So etwas nennt man **Bestechung** oder **Korruption**. Mit Korruption ist gemeint, dass durch Zahlungen illegal Vorteile erreicht werden. Oft werden staatliche Aufträge auf diese Weise ergattert.

Auch große deutsche Konzerne wie Siemens waren in Korruption verwickelt. Ein langjähriger Siemens-Manager, der vor Gericht auspackte, zeigte mir mal seine Aktentasche: «Eine Million Euro passen da bequem rein.» Es gibt aber Unterschiede, wie weit Korruption verbreitet ist. Das Netzwerk *Transparency International* ermittelt das jedes Jahr. Falls es dich interessiert, schau mal auf deren Website nach: *www.transparency.org/en/cpi/2021*. Da kannst du einzelne Staaten auf einer interaktiven Karte anklicken. Demnach gibt es auch in den Industriestaaten Korruption, aber weniger. Am meisten gibt es sie in Entwicklungsländern wie Südsudan, Somalia oder Jemen.

Unternehmen aus dem Westen können Entwicklungsländer positiv und negativ beeinflussen. Positiv, indem sie moderne Fabriken und besser bezahlte Arbeitsplätze schaffen. Den Ländern fehlt es oft an Geld, um ihre Wirtschaft zu modernisieren und Verkehrswege oder digitale Netze zu schaffen. Oft agieren westliche Unternehmen aber auch als Komplizen korrupter Politiker und Beamter. Und die Gewinne, die sie erzielen, fließen oft aus dem Land ab. Führungspositionen sind meist für Westler reserviert. Wenn westliche Konzerne in einem Entwicklungsland präsent sind, können sie zusammen mit korrupten Politikern verhindern, dass einheimische Konkurrenten stark werden.

Zwei Seiten hat auch das staatliche Geld, das aus dem Westen fließt. Europa und die USA, die einen Großteil der Probleme der armen Welt verursacht haben, helfen jetzt. Früher hieß es **Entwicklungshilfe**, aber das klingt etwas von oben herab. Heute nennt man es daher **Entwicklungszusammenarbeit.**

Die Staaten erhalten dringend benötigtes Geld, um Schulen zu bauen oder Wirtschaftsbranchen zu entwickeln. Deutschland stellt mehr als zehn Milliarden Euro im Jahr zur Verfügung. Es gibt auch eine schwierige Seite: Westliche Länder verschaffen oft mit dem Entwicklungsgeld ihren Firmen Aufträge, die sonst ein Unternehmen des Entwicklungslandes übernehmen könnte. Teilweise fließen die Milliarden aus dem Westen in die Taschen korrupter Politiker und Beamter und festigen damit ihren Griff auf das Land.

Als Last erweist sich das Geld aus dem Westen oft, wenn es als Kredit kommt. Dann haben die Entwicklungsländer nämlich hohe Schulden, auf die sie **Zinsen** zahlen müssen. Also eine monatliche oder jährliche Summe, die an denjenigen gezahlt werden muss, der das Geld geliehen hat. Manchmal müssen die armen Länder mehr für die Zinsen und die Rückzahlung von Schulden aufwenden, als sie überhaupt Einnahmen haben. Deshalb fordern Forscher den Westen zu einem **Schuldenerlass** auf.

Mehmet hat viel über das Elend in armen Ländern gelesen. Er fragt sich inzwischen, ob es wirklich am besten ist, wenn Arme direkt mit Essen oder Kleidung versorgt werden. Das ist als Hilfe in der Not zwar oft unverzichtbar, aber es verhindert keine künftige Not, denn es versetzt die Armen nicht in die Lage, künftig selbst für sich zu sorgen. Ein altes Sprichwort lautet: Wenn du jemandem einen Fisch gibst, machst du ihn einen Tag satt. Wenn du ihm eine Angel gibst, kann er sich sein Leben lang etwas zu Essen beschaffen.

Mehmet hat sich informiert, wie und wo Entwicklungsorganisationen in den armen Ländern tätig sind. Er plant, selbst etwas zu tun. Wenn er mit der Schule fertig ist, möchte er für ein Jahr nach Afrika gehen, um bei einer Entwicklungsorganisation zu arbeiten. Am liebsten in Projekten, die die medizinische Versorgung verbessern sollen. Oder die Brunnen bauen, um dringend benötigtes Wasser bereitzustellen.

Es gibt für die Entwicklungsländer wahrscheinlich nicht den einen richtigen Weg zu mehr Wohlstand. Mehr Demokratie würde helfen. Besser ausgestattete Bildungssysteme. Weniger Korruption. Vielleicht sind auch bereits zu viele industrielle Märkte durch den Westen besetzt, als dass Industrialisierung für alle ärmeren Länder das richtige Mittel wäre. Andererseits wird der Export von Rohstoffen und Urprodukten wie Kaffee, Erzen oder Baumwolle allein nicht zu ausreichend Wohlstand führen. Denn erst wenn ein Stoff verarbeitet wird, entsteht der größte Teil der Wertschöpfung, der sich in Wirtschaftsleistung und Einkommen auswirkt. Und diese Verarbeitung findet oft im Westen statt.

Eines lässt sich sicher sagen: Es kämen mehr Länder aus der Armut heraus, wenn der Westen öfter fair agieren würde.

Ein Besuch in Afrika

Als ich Robert Akpanons 2004 besuchte gab es in seinem Dorf kein fließendes Wasser und keinen Strom. Es liegt in Benin, Westafrika. Dort lebte damals jeder dritte Bürger von Baumwolle, aus der Hosen, Handtücher oder T-Shirts gemacht werden. Auch der Pflanzer Robert Akpanon, der Tag für Tag auf die Baumwollfelder ging, seit er ein Kind war. In seiner Lehmhütte war nicht viel mehr zu sehen als durchgelegene Betten und ein kaputtes Radio. An der Feuerstelle vor dem Haus kochte seine Frau abends meist einen Maisbrei, viel anderes gab es nicht. Ein paar Schritte weiter im Voodoo-Tempel riefen die Dorfbewohner den Schlangengott an und den Gott des Donners.

Robert Akpanon wirkte müde. Mit 53 Jahren zählte er in Benin zu den alten Menschen. Doch weniger arbeiten kam nicht infrage. «Seit einigen Jahren ist unsere Situation ganz schrecklich», sagte er.

Dabei hatten internationale Organisationen Benin und seine Nachbarstaaten einst beschworen, auf den Anbau von Baumwolle zu setzen – als Mittel der Entwicklung. Doch dann beschloss die US-Regierung in den 1990er-Jahren, ihren Baumwollpflanzern den Weltmarkt zu erobern. Sie zahlte jedem Farmer im Schnitt 150 000 Dollar **Subventionen** – im Jahr! Vorher produzierten amerikanische Farmer teurer als afrikanische. Dank der Subventionen konnten sie ihre Ware billiger anbieten als die Afrikaner. Durch das große Angebot sank der Preis für Baumwolle. Für 15 Millionen Westafrikaner, deren Leben sich um die Baumwolle drehte, war das eine Katastrophe.

Ein paar Monate zuvor hatte es so ausgesehen, als gäbe es Hoffnung für Robert Akpanon und seine Kollegen. Auf einem Gipfeltreffen in Mexiko 2003 ging es um ein neues, globales Handelsabkommen. Damit die afrikanischen Länder wie alle Mitgliedsländer der Welthandelsorganisation WTO zustimmen, sollten sie Zugeständnisse erhalten: weniger von den unfairen Subventionen für westliche Baumwollfarmer. Ich war damals in Mexiko und sprach mit einem afrikanischen Bauern, dem westliche Hilfsorganisationen die Reise finanziert hatten, damit er für Afrikas Pflanzer seine Stimme erheben konnte. Ich sah die Hoffnung in seinen Augen. Doch dann platzte der Gipfel, und es blieb bei den unfairen westlichen Subventionen. Insgesamt zahlten Europa und die USA ihren Bauern zu dieser Zeit für alle ihre Produkte fast 300 Milliarden Euro an Subventionen. Das war sechsmal so viel wie die gesamte Entwicklungshilfe. So bremst der Westen arme Länder und betrügt sie um ihre Chance, sich wirtschaftlich zu entwickeln.

Robert Akpanon bekam für seine Baumwolle weniger als früher. Gleichzeitig wurde der Dünger teurer. Er musste einen Kredit aufnehmen. Nun wusste er nicht, wie er ihn zurückzahlen sollte. Falls seine Kinder wieder Malaria bekämen, würde das Geld ganz knapp. Als er das erzählte, flüchtete er sich in den Schatten des mächtigen Chininbaums. Im Dorf hatte es 30 Grad Hitze, das Arbeiten auf dem Baumwollfeld war stets eine Plackerei.

Der Besuch bei Robert Akpanon zeigte aber auch, dass die faulen Tricks des Westens nicht das einzige Problem sind. Im Versammlungsraum diskutierten die Bauern ihre Lage. Früher nahm der Staat den Bauern die Baumwolle ab. Dabei gab es Misswirtschaft. Dann ließ der Staat private Händler zu. Doch diese nutzen die Bauern oft aus. Ein Händler bezahlte Robert Akpanon und seine Kollegen nur für einen Teil der Ernte. Die Zeitungen nannten die Händler «Baumwollmafia». Doch niemand stoppte die Händler, denn sie hatten Macht im Land. Ihnen gehörten auch Supermärkte, Tankstellen, Hotels. Einer von ihnen war der Sonderberater des Präsidenten von Benin.

Bei meinem Besuch in Benin wurde auch ein anderes Problem deutlich: In Westafrika hängen Millionen Menschen vom Preis der Baumwolle ab. Weltweit gibt es fünfzig Länder mit nur zwei oder drei Exportprodukten; das sind vor allem Rohprodukte wie Zucker, Kakao, Kaffee oder Baumwolle. Der Preis dieser Rohprodukte sinkt eher. Mit Ausnahme von Öl und Gas wird kein Land durch Rohprodukte reich. Erst wenn ein Stoff verarbeitet wird, also etwa Baumwolle zu Hosen, entsteht der größte Teil der **Wertschöpfung** eines Produkts. Und die Wertschöpfung ist das, was sich in Wirtschaftsleistung und Einkommen auswirkt. Die Verarbeitung findet oft im Westen statt. Um zu mehr Wohlstand zu kommen, müsste ein Land wie Benin selbst aus Baumwolle Hosen und T-Shirts herstellen und so mehr Wertschöpfung erzielen. Doch die meiste Baumwolle geht unverarbeitet außer Landes. Als ich Benin besuchte, stand es auf dem Reichtums-Index der Vereinten Nationen auf Platz 159 von 175.

Fair Trade: Wie man Handel gerechter macht

Seit Langem wird gefordert, fairer mit Entwicklungsländern zu handeln: weniger Subventionen für westliche Firmen, weniger Zölle, mit denen der Westen Lebensmittel aus Entwicklungsländern verteuert. So sollen die heimischen Bauern mehr verkaufen, und ein gewisser Schutz für die Firmen aus Entwicklungsländern soll eingeführt werden, damit sie nicht sofort von starken westlichen Konkurrenten verdrängt werden. Solchen Schutz gaben auch Großbritannien und Deutschland vorübergehend ihren Firmen, während sie sich industrialisierten.

Zu fairem Handel, englisch fair trade, kann jeder Konsument im Westen selbst beitragen. Du auch. Und deine Eltern. Nehmen wir Kaffee oder Schokolade. Die Rohprodukte kommen meist aus Afrika oder Südamerika. Wir kaufen die Sachen im Supermarkt günstig, beim Discounter sogar richtig billig. Bei den Bauern in Peru oder Tansania kommt da wenig Geld an. Anders ist es etwa bei der Organisation Gepa. Sie zahlt Bauern in Entwicklungsländern mehr für ihre Ernte. Beim normalen Supermarkt-Kaffee bekommt der Bauer oft weniger als 10 Prozent des Preises, den der Käufer zahlt. Von der Gepa, The Fair Trade Company, bekommt der Bauer bei einer Bio-Kaffeesorte 25 Prozent. Mit Schokolade ist es ähnlich. Die Organisation zahlt den Bauern knapp doppelt so viel wie den Weltmarktpreis. Dadurch fließt Geld in bessere Qualität oder in Ausbildung.

Damit das geschieht, müssen deutsche Käufer mehr für ihren Kaffee bezahlen. Auch für Tee, Honig, Reis oder T-Shirts. Und deine Schokolade. Dafür ist sie richtig gut, und dein Gefühl dabei auch. Der Anteil des Einkommens, den die Deutschen insgesamt für Lebensmittel ausgeben, ist deutlich gesunken. Sie dürfen uns ruhig etwas mehr wert sein.

Mehmet hat etwas über fairen Handel in der Zeitung gelesen. Neben Gepa, hinter der kirchliche Jugend- und Entwicklungsorganisationen stehen, gibt es noch andere Anbieter. Jetzt drängt Mehmet seine Eltern, mehr für den Kaffee auszugeben, den sie morgens trinken. Er will bei seinen Einkäufen auch mehr drauf achten. So arm ist er ja nicht.

Glaubt man Umfragen, tun die Deutschen schon ganz viel gegen Armut – oder für die Umwelt. 70 Prozent der Bürger behaupten, dass sie «ethisch» einkaufen, also soziale oder ökologische Kriterien beachten. Jede dritte kauft angeblich anders ein als früher. In den Verkaufszahlen von fair gehandelten Lebensmitteln oder Biowaren zeigt sich das aber nicht. Noch nicht?

7. KAPITEL
Verbrechen und Wirtschaftskrisen

Leon surft gerne. Er macht das schon lange und kennt sich ein bisschen aus. Jetzt hat er sich im Internet ein Surfbrett bestellt. Das war deutlich billiger als in dem Sportgeschäft, wo er sonst hingeht: weniger als halb so teuer. Das fand er schon erstaunlich. Aber er hat gelesen, dass es heute häufiger Schnäppchen gibt. Weil sich Firmen durch das Online-Shopping und die Globalisierung häufig unterbieten. Also hat er bestellt und das Geld überwiesen. Jetzt wartet Leon seit sechs Wochen vergeblich auf das Surfbrett. Er hat schon dreimal an den Online-Verkäufer gemailt. Unter der angegebenen Telefonnummer hebt niemand ab. Leon ist einem Betrüger zum Opfer gefallen. Die 150 Euro sind weg.

Es gibt viel, was in der Wirtschaft schiefläuft. Oft schadet jemand anderen – einzelnen Menschen oder der ganzen Gesellschaft. Der Staat versucht, dies durch Gesetze zu verhindern, aber nicht immer gelingt das ausreichend.

Online-Betrug, Phishing und andere kriminelle Machenschaften

Leon ist auf einen falschen Online-Shop hereingefallen. Dabei starten Betrüger eine Website mit Angeboten, die echt aussehen. Die Seiten sind oft gut gemacht und sehen aus wie wirkliche Geschäfte. Die Preise sind so günstig, dass manche

Kunden bestellen, obwohl sie von dem Shop noch nie gehört haben.

Es gibt Warnzeichen. Wenn ein Surfbrett halb so teuer ist wie sonst, darf man schon mal ins Grübeln kommen. Deshalb muss es sich aber noch nicht um einen **Fake-Onlineshop** handeln. Was ist noch verdächtig? Wenn ein Shop besonders viele besonders billige Waren hat. Warum soll dieser Shop so viel leichter an günstige Produkte kommen als alle anderen? Sehr verdächtig ist, wenn ein Shop die neuesten Smartphones hat, die seriöse Anbieter noch nicht haben oder nur mit langen Lieferzeiten.

Andere Warnzeichen: Wenn sich bei einem Online-Shop nur mit «Vorauskasse» oder «Sofort-Überweisung» zahlen lässt, ist das Geld des Kunden sofort weg. Daher ist es besser, wenn es auch «Kauf auf Rechnung» gibt. Dann zahlt man erst, wenn man die Ware hat. Betrüger möchten das natürlich verhindern. Wenn man also nur per Vorauskasse oder Sofort-Überweisung zahlen kann und weder auf Rechnung noch mit Kreditkarte, dann könnte was faul sein.

Es lohnt sich, den Namen eines Anbieters durch eine Suchmaschine laufen zu lassen oder die Bewertungen auf verbreiteten Produktportalen zu checken. Wenn schon andere Kunden hereingefallen sind, findet sich da vielleicht ein Hinweis. Die Bewertungen auf einer verdächtigen Website selbst sind dagegen mit Vorsicht zu genießen. Sie sind oft ebenfalls gefälscht. Verdächtig ist auch, wenn bei dem Online-Shop nur positive Bewertungen von Kunden zu lesen sind. Denn es gibt bei den meisten Angeboten jemanden, der nicht zufrieden ist.

Was soll Leon tun, nachdem ihm der Betrug klargeworden ist? Auf jeden Fall sollte er Strafanzeige bei der Polizei erstatten. Das geht heute in vielen deutschen Bundesländern sogar online. Wem schneller Zweifel kommen als Leon, der meldet sich am besten sofort bei seiner Bank. Manchmal lässt sich eine Überweisung noch stoppen, und das Geld ist nicht verloren.

Betrug ist durchs Internet leichter geworden. Was für ein Aufwand wäre es, ein Ladengeschäft zu mieten, um Kunden übers Ohr zu hauen. Zumal sie dort die Ware mitnehmen können. Verbreitet waren Betrügereien aber schon vor dem Internet, wahrscheinlich seit es Menschen gibt. Heute, in einer globalisierten Welt, nehmen die Möglichkeiten zu.

Mancher Betrüger bringt einsame Menschen um ihr Geld, die auf Single-Portalen nach Liebe suchen. Junge Männer in Afrika geben sich als amerikanische Frauen aus. Sie chatten über Monate mit deutschen Männern und erfinden Geschichten über Autounfälle oder Erbschaften, die in Sicherheit gebracht werden müssen. Man soll schnell Geld überweisen, um zu helfen. Mancher Einsame hat auf diese Weise mehr als 100 000 Euro verloren.

Andere Betrüger rufen vor allem ältere Menschen an und fordern Geld, weil angeblich ein Verwandter, gern der Enkel des Angerufenen, in Schwierigkeiten steckt. Oder sie geben sich als Polizisten aus, die Bargeld und Schmuck abholen wollen, weil sich angeblich Kriminelle in der Gegend herumtreiben. Anrufen von jemandem, den man nicht kennt, sollte man immer misstrauen.

Etwas ganz anderes: Immer häufiger werden per **Phishing** Daten abgegriffen. Kriminelle versuchen, durch gefälschte E-Mails, Kurznachrichten oder Websites persönliche Informationen zu bekommen, die Nummer eines Personalausweises oder die Kontonummer, am besten noch mit Geheimzahl. Oder sie versuchen, einen zu Klicks auf Links zu verleiten, die schädliche Programme auf Handy oder Laptop aufspielen. Gerade wer Daten von Konten oder Kreditkarten preisgibt, verliert oft Geld. Verbrecher nutzen auch Kontaktdaten von Bekannten, um einen hereinzulegen. Also wenn euch eine Story zu merkwürdig vorkommt: Ruft lieber euren Bekannten mal direkt an!

Was ist verdächtig? Kriminelle Nachrichten sind oft in fehlerhaftem Deutsch verfasst. Die Verbrecher machen es auch meist dringlich: «Wenn Sie nicht reagieren, wird Ihr Konto in zwei Tagen gesperrt.» Aber diese beiden Hinweise reichen nicht aus, um sich zu schützen. Manchmal sind die Nachrichten in perfektem Deutsch, und die Verbrecher drängeln nicht. Es lohnt sich also, ausführlichere Texte über das Thema zu lesen. Aktuelle Anti-Viren-Programme können ebenfalls helfen.

Viel Betrug gibt es auch, wenn Menschen einen Teil ihres Einkommens sparen, statt es auszugeben (um Geldanlagen geht es in Kapitel 8). Windige Berater überzeugen Anbieter, ihr Geld in venezolanische Plantagen oder hochriskante Finanzprodukte zu stecken. Oder sie sammeln Ersparnisse ein, die sie in Wahrheit überhaupt nie anlegen. Durch **Anlagebetrug** gehen in Deutschland jedes Jahr Milliarden Euro verloren.

Kriminelle fälschen auch Produkte. Bestimmt hast du im Urlaub schon mal Händler gesehen, die angeblich echte Sonnenbrillen oder Schuhe teurer Hersteller verkaufen – saubillig. **Produktf**älschung hat ein erstaunliches Ausmaß angenommen. Die Europäische Union beschlagnahmt jedes Jahr mehr als 25 Millionen Produkte, besonders häufig Zigaretten, Spielzeug, Kleidung, elektrische Haushaltsgeräte – und Medikamente. Da kann eine Fälschung schon mal tödlich enden.

Geld in der Windel: Steuertricks

Um Aufgaben für die Allgemeinheit zu finanzieren, erheben Staaten Steuern. Allein die Bundesregierung gibt jedes Jahr rund eine halbe Billion Euro aus: für Verkehrswege, Schulen und Universitäten, Gerichte, Unterstützung von Menschen in Not usw. Manche Bürger versuchen, Steuern zu vermeiden. Dabei gibt es legale und illegale Wege, wobei die Grenze oft nicht eindeutig ist.

Klar ist, dass es hier große Ungerechtigkeiten gibt. Fest angestellte Arbeitnehmer haben fast keine Möglichkeiten, Steuern zu vermeiden. Ihre Lohnsteuer überweist der Arbeitgeber direkt ans Finanzamt. Anders ist dies bei meist reichen Menschen, die Einnahmen etwa aus Anteilen an Firmen haben. Da gehen die Steuern oft nicht direkt ans Finanzamt, und das schafft Möglichkeiten zu tricksen. Genauso bei Unternehmen. Sind sie international tätig, versuchen sie oft, ihre Gewinne zu verlagern – in Länder, wo die Steuersätze niedrig sind. Manche sind richtige **Steueroasen**, meist kleine Länder, die sonst wenig wirtschaftliche Aktivität haben.

Steueroasen sind besonders bei Digitalkonzernen wie Amazon, Facebook oder Apple beliebt. Google machte zeitweise seine Tochterfirma auf den Bermuda-Inseln zum offiziellen Eigentümer der Suchmaschinentechnik, die weltweit Milliarden Menschen nutzen. Die Inseln im Atlantik sind bekannt für rosafarbene Sandstrände, tiefblaues Wasser und Steuervorteile. Die Google-Töchter in Deutschland oder Frankreich überwiesen an Google-Bermuda hohe Gebühren. Das lohnte sich für den Digitalkonzern, weil er in Bermuda nur geringe Steuersätze zahlte. Durch die Gebühren blieben in Deutschland und Frankreich offiziell niedrigere Umsätze übrig. Deshalb zahlte Google dort wenig Steuern. Viel zu wenig. «Bis 2020 hat Google Milliarden-Gewinne auf einer Insel gemacht, wo eigentlich nichts los ist», sagt der französische Ökonom *Gabriel Zucman*, Spezialist für Steuerfragen.

Den Nachteil haben Länder wie Deutschland und Frankreich, denen Geld fehlt, um gesellschaftliche Aufgaben zu finanzieren, obwohl die tricksenden Unternehmen in diesen Ländern oft viel Geschäft machen. Sie sollten also dort Steuern zahlen wie andere auch.

2016 forderte die EU-Kommission Apple auf, 13 Milliarden Euro Steuern nachzuzahlen. Irland habe der US-Firma ungerechtfertigte Vorteile gewährt, 16 Jahre lang. 13 Milliarden:

Das ist nicht viel weniger, als der große Sport-Konzern **Adidas** im Jahr an Geschäft macht. Es folgte ein langer Gerichtsstreit. Auch Irland wehrte sich. Zur Wahrheit gehört: Es sind nicht nur Steueroasen in der Karibik, die Reiche und Firmen mit niedrigen Steuersätzen locken. Das tun oder taten auch EU-Mitgliedsstaaten wie Irland, die Niederlande oder Luxemburg.

Großen Staaten wie Deutschland und Frankreich entgeht dabei viel Geld. 2021 einigten sich die weltweit wirtschaftlich stärksten Länder der G20-Gruppe auf eine **globale Mindeststeuer.** Zum einen sollen global tätige Konzerne künftig dort Steuern zahlen, wo ihre Kunden sitzen. Das zielt gerade auf die Digitalkonzerne. Zum anderen wurde ein Steuersatz von mindestens 15 Prozent auf die Gewinne vereinbart. Das ist deutlich mehr, als viele Firmen bisher zahlten.

Manche Firmen oder Privatleute vermeiden Steuern eindeutig illegal. Das heißt **Steuerhinterziehung.** So brachten deutsche Bürger Hunderte Milliarden Euro auf Banken in Liechtenstein und der Schweiz. Sie zahlten auf Einnahmen aus diesem Geld oft keine Steuern.

Ich verbrachte mal einen Tag an der Grenze zu Deutschland mit dem Zöllner Dietmar Köbelin, der illegales Geld aufspürt. Aus der Schweiz rollen dort täglich 30 000 Autos nach Deutschland. Jeden dritten Tag fanden Köbelin und seine Kollegen illegales Geld. Ein Ehepaar schmuggelte 200 000 Euro in Westen am Körper, die es eigens dafür genäht hatte. Ein Metzger versteckte das Geld zwischen seinen Würsten. Ein älterer Mann trug zwei Windeln. Zöllner Köbelin wollte ihn nicht kontrollieren, weil er dachte, der Mann trage die Windeln, weil er nicht mehr normal aufs Klo gehen könne. Er wollte ihm die Peinlichkeit ersparen. Köbelins Kollege bestand auf der Kontrolle. Aus den (sauberen) Windeln quollen dann mehr als 100 000 Euro in großen Scheinen. Der Mann versuchte einfach nur, das Finanzamt zu betrügen.

Dietmar Köbelin dachte darüber nach, warum so viele reiche Menschen keine Steuern zahlen wollen. Er selbst verdiente 3000 Euro im Monat, wo-

von er und seine Frau fünf Kinder versorgten. Gerade war der damalige Chef der Deutschen Post erwischt worden. Er hatte eine Million Euro an Steuern hinterzogen. Warum will einer, der eh schon so reich ist, sein Geld nicht versteuern?, fragte sich Zöllner Köbelin.

Regierungen übten lange Druck auf Staaten wie die Schweiz aus, nicht mehr beim Hinterziehen zu helfen. Doch wenn Finanzbehörden anderer Länder bei den Schweizer Banken nachfragten, stellten die sich oft taub. Erst die US-Regierung erzwang, dass die Schweizer das strikte **Bankgeheimnis** aufgaben, das die Milliarden der Steuerbetrüger, Drogenhändler oder Diktatoren schützte.

Immer wieder enthüllen Journalisten, wie Reiche und Mächtige überall auf der Welt Geld verschieben, legal oder illegal. Dabei helfen Konstruktionen wie **Briefkastenfirmen.** Damit sind Firmen gemeint, die kein richtiges Geschäft betreiben, die also zum Beispiel nur aus einer Adresse und einem Briefkasten bestehen. Ihre wahren Eigentümer werden oft verschleiert.

Die *Panama Papers* sind geheime Dokumente, die von Zeitungen in Deutschland öffentlich gemacht wurden. Sie zeigen, wie reiche Privatleute und Firmen ihr Geld in Panama angelegt haben, um zu Hause keine Steuern zahlen zu müssen. Dabei tauchten Vertraute des russischen Präsidenten Wladimir Putin auf. Auch der Fußballstar Lionel Messi, der wegen Steuerhinterziehung verurteilt wurde. 80 Länder ermittelten gegen eine Anwaltskanzlei in der Steueroase Panama oder ihre Kunden. Der Premierminister Islands musste zurücktreten. Gegen Steuerhinterziehung durch das Verschieben von Geld über Landesgrenzen hilft nur, dass Länder international zusammenarbeiten.

Ein Milliardenschaden für die deutsche Gesellschaft entstand durch die **Cum-Ex-Geschäfte**. Dabei ließen sich Investoren Steuern zurückerstatten, die sie gar nicht gezahlt hatten. Steuertricks werden oft mit großem Aufwand geplant, mit dem Einsatz von Steuerberatern, Anwälten und Banken. Das kann sich nur jemand leisten, der viel Geld hat. Finanzämter und Regierungen kommen mit der Aufklärung kaum nach. Wenn sie ein **Steuerschlupfloch** schließen, sucht die Gegenseite schon nach den nächsten Tricks.

Wirtschaftskrisen: Wie sie entstehen und was sich dagegen tun lässt

Die wirtschaftliche Entwicklung verläuft in **Konjunkturzyklen.** Mal wächst die Volkswirtschaft eines Landes stärker, mal weniger, und manchmal schrumpft sie sogar. Drei Monate eines Jahres werden als Quartal bezeichnet. Wenn die Wirtschaftsleistung zwei Quartale hintereinander schrumpft, liegt eine **Rezession** vor. Wenn die Rezession stärker ausfällt und viele Menschen ihren Arbeitsplatz verlieren, ist das eine **Wirtschaftskrise.** In den Jahren bis 2020 wuchs die deutsche Wirtschaft jedes Jahr um etwa 1,5 bis 2 Prozent. Dann brach die Coronapandemie aus. 2020 schrumpfte die deutsche Wirtschaft um fast 5 Prozent. Solche Wirtschaftskrisen kommen immer wieder vor. Corona ist kein typisches Beispiel dafür. Hier war der Auslöser eine tödliche Krankheit, keine Fehlentwicklung im Wirtschaftssystem. Es lag an der Infektionsgefahr, dass Geschäfte und Fabriken wochenlang geschlossen waren.

Typisch für Fehler im Wirtschaftssystem ist dagegen die **Finanzkrise 2008.** Sie stürzte die Welt in eine schwere Rezession. In den Jahren zuvor waren in den USA, Spanien oder Großbritannien die Preise von Häusern und Wohnungen, also **Immobilien**, stark gestiegen.

Ein Ökonom erzählte mir, wie er während des Studiums in den USA in einem kleinen Haus gewohnt hatte. Es kostete damals 130 000 Dollar. Als er später wegen einer Hochzeit zurückkam, glaubte er es kaum: Das Häuschen kostete inzwischen dreimal so viel.

Um Häuser zu kaufen, liehen sich die Menschen in den USA und anderen westlichen Ländern immer mehr Geld – als Kredit von der Bank. Die Banken verwandelten die Kredite in neuartige Finanzprodukte. Bei jedem Kredit gibt es das Risiko, dass der Schuldner nicht zurückzahlt. Die Banken teilten die Kredite auf. Sie verkauften die Teile an mehrere Käufer. Dadurch sollte das Risiko verschwinden. Doch das war ein Irrtum. Das Risiko war sogar besonders hoch. Weil die Immobilienpreise so stark stiegen. Weil viele Hauskäufer zu wenig verdienten, um den Kredit zurückzahlen zu können. Und weil die *Spekulation* sehr groß war. Investoren setzten darauf, dass die Finanzprodukte immer mehr im Wert steigen würden, ohne zu prüfen, ob das wirklich klappen konnte. Die neoliberale Wirtschaftspolitik (siehe Kapitel 5) führte dazu, dass Investoren und Banken weniger streng kontrolliert wurden. Sie gingen zu hohe Risiken ein. Als die Immobilienpreise zu sinken begannen, standen deshalb viele vor der Pleite.

In der menschlichen Geschichte gab es immer wieder **Finanzblasen.** Dabei steigen die Preise zu stark – von Häusern, Aktien oder Blumen. In den Niederlanden wurde die Tulpe im 17. Jahrhundert zur Modeblume. Man konnte zunächst viel Geld damit verdienen. Die Menschen setzten darauf, dass die Preise immer weiter steigen würden. Schließlich kostete eine Tulpenzwiebel so viel wie ein Haus in einer guten Gegend von Amsterdam. Das war eindeutig zu viel. Die Preise brachen zusammen. Viele Niederländer verloren ihren ganzen Besitz.

Jede zu große Finanzblase platzt irgendwann. Auch in den Jahren vor der Finanzkrise 2008 hatten die Menschen gedacht, dass die Immobilienpreise immer weiter steigen würden. Doch irgendwann begannen einige, daran zu zweifeln. Die Preise sanken. Die Finanzprodukte, die auf Hauskrediten basierten, verloren schlagartig an Wert. Wer sich Geld geliehen hatte, um die Produkte zu kaufen, war plötzlich in einer Klemme. Dann brach wie ein Kartenhaus alles zusammen. So wie beim niederländischen Tulpenwahn waren die Immobilienpreise total überhöht. Hauskäufer zahlten Kredite nicht zurück. Investoren verloren Geld. Banken rutschten in die Pleite. Weil sich Kreditgeber aller Art plötzlich so misstrauten wie seit Langem nicht, stoppte der Fluss des Geldes. Der aber ist für die Wirtschaft lebenswichtig. Viele Geschäfte kamen nicht mehr zustande, die Unternehmen machten weniger Umsatz. Weltweit verloren Millionen Menschen ihren Arbeitsplatz.

Die Regierungen der Industriestaaten beschlossen nach diesem Desaster, den Finanzsektor stärker zu kontrollieren. Sie begrenzten die Spekulation. Sie schrieben Banken ein größeres Geldpolster vor, wenn sie Kredite geben. Dadurch rutscht eine Bank nicht mehr so leicht in die Pleite, wenn Kredite nicht zurückgezahlt werden. Sie hat noch Geld übrig.

In der Finanzkrise 2008 schrumpfte die Wirtschaftsleistung in Deutschland um 5 Prozent. So wie in der Corona-Krise 2020. Solche Wirtschaftskrisen bedeuten für die Menschen viele Sorgen. Sie werden oft arbeitslos.

Als es in Deutschland weniger soziale Absicherung gab, war die Not sehr groß. Menschen verloren ihre Wohnung. Sie hatten zu wenig zu Essen. 1929 begann die *Weltwirtschaftskrise* oder *Große Depression*. Sie erfasste Deutschland, die USA und andere Industriestaaten. Die USA erreichten erst zwölf Jahre später wieder die Wirtschaftsleistung, die sie 1929 gehabt hatten. In Deutschland stieg die Zahl der Arbeitslosen auf 6 Millionen. Radikale Parteien profitierten. Der Nationalsozialist Adolf Hitler kam an die Macht und stürzte Europa schließlich in den Zweiten Weltkrieg mit Millionen Toten.

Während der Wirtschaftskrise von 1929 erdachte der britische Ökonom **John Maynard Keynes** seine Theorie: Regierungen müssten solchen Krisen nicht so tatenlos zusehen, wie sie es bisher getan hatten. Die Regierungen hatten die Weltwirtschaftskrise sogar verschlimmert. Sie erhöhten die Zölle und würgten so gegenseitig Exporte ab. Die deutsche Regierung erhöhte die Steuern und bremste dadurch die Wirtschaft zusätzlich.

DAS ANTI-KRISEN-REZEPT VON JOHN MAYNARD KEYNES

Keynes erkannte, dass es in Krisen oft an Nachfrage fehlt. Arbeitnehmer, die weniger verdienen oder ihren Job verlieren, kaufen weniger ein. Die Unternehmen produzieren und investieren weniger. Diese Effekte verstärken sich gegenseitig. Dadurch dauert die Krise länger als nötig.

Keynes' Idee: Die Regierungen sollten Geld ausgeben, um die fehlende Nachfrage auszugleichen. Dadurch machen die Unternehmen mehr Umsatz. Die Arbeitnehmer verdienen mehr. Die Krise endet schneller, statt sich zu verstärken. Nach Keynes soll die Regierung der Wirtschaft in der Krise helfen, statt sie zusätzlich zu bremsen, wie es die deutsche Regierung durch höhere Steuern getan hatte.

Allerdings fehlt es Regierungen in einer Krise an Geld. Denn wenn Arbeitnehmer und Unternehmen weniger verdienen, zahlen sie weniger Steuern. Woher soll die Regierung das Geld nehmen, wenn sie in einer Krise eh schon weniger Einnahmen hat? Keynes schlug deshalb vor, die Regierungen sollten Kredite aufnehmen, um Geld ausgeben zu können. Lieber ein *Haushaltsdefizit*, also mehr Ausgaben als Einnahmen, als eine schärfere Krise.

Der erste, der Keynes' Theorie aufgriff, war US-Präsident Franklin D. Roosevelt. Mit dem *New Deal*, staatlichen Ausgaben, führte er die USA in den 1930er-Jahren langsam aus der Weltwirtschaftskrise heraus.

Die Euro-Krise: Warum hohe Schulden gefährlich sind

In den 1970er-Jahren geriet der Keynesianismus in Verruf. Denn Regierungen gaben nun bei jeder Gelegenheit viel Geld aus und häuften so hohe Schulden an. Es entstand **Stagflation,** eine unangenehme Lage: Wirtschaftliche Stagnation plus Inflation, also starke Preissteigerungen. Letztere hatten damit zu tun, dass Förderländer wie Saudi-Arabien plötzlich den Ölpreis vervierfachten. Deutschland deckte damals die Hälfte seines gesamten Energiebedarfs mit Öl. Keynes war für die Stagflation nicht verantwortlich, denn er schlägt vor, dass die Staaten in der Krise mehr Geld ausgeben, aber in wirtschaftlich guten Zeiten ihre Haushaltsdefizite senken – und auch mal Überschüsse erzielen.

Die schlechten Erfahrungen der 1970er-Jahre wirkten nach. Als mehrere EU-Staaten den Euro als gemeinsame Währung starteten, gaben sie sich im **Stabilitätspakt** Regeln: Ein Euro-Mitgliedsstaat soll nur ein Haushaltsdefizit von höchstens 3 Prozent des Bruttoinlandsprodukts haben und die Staatsschulden auf höchstens 60 Prozent der Wirtschaftsleistung begrenzen.

Der Staat nimmt Schulden auf, indem er Kreditpapiere an Käufer wie Privatleute ausgibt: Sogenannte **Staatsanleihen**. Dabei verspricht er den Käufern, das Geld zurückzuzahlen und ihnen bis dahin als Prämie regelmäßig Zinsen zu zahlen, einen monatlichen oder jährlichen Betrag. Hohe Staatsschulden bedeuten, dass die Regierungen viel Geld für Zinsen ausgeben müssen. Sind die Schulden hoch, dann beginnen die Käufer der Kreditpapiere womöglich zu zweifeln, ob ein Land seine Kredite zurückzahlen kann. Und verlangen entweder sehr hohe Zinsen für neue Kredite, so dass dem Land Geld für Soziales, Bildung und andere Aufgaben fehlt, oder sie geben überhaupt keine neuen Kredite mehr.

In diese Situation gerieten Griechenland, Portugal und andere Euro-Staaten in der **Euro-Krise** der 2010er-Jahre. Die Zinsen schossen in die Höhe. Mehrere Staaten standen vor der Pleite. Die Krisenstaaten hatten in den Jahren zuvor zu hohe Schulden angehäuft. Der Stabilitätspakt wirkte nicht, weil er nicht genug kontrolliert wurde.

Im Jahr 2004 habe ich in der *Süddeutschen Zeitung* enthüllt, wie die griechische Regierung sogar ihre Haushaltsdaten fälschte. Sie kaufte etwa Kampfflugzeuge für Milliarden Euro, die nie in der offiziellen Buchhaltung auftauchten. So umging sie die Regel, die nur ein Haushaltsdefizit von 3 Prozent im Jahr erlaubt. Die anderen Euro-Staaten scheuten sich damals, gegen Griechenland vorzugehen. So machte das Land immer höhere Schulden, bis es durch die weltweite Finanzkrise 2008 ins Straucheln geriet. Investoren begannen bald, auf eine Pleite Griechenlands zu wetten.

Die anderen Euro-Länder halfen Griechenland und den anderen Krisenstaaten mit Krediten. Im Gegenzug sollten diese weniger Schulden machen und ihre Wirtschaft beleben. Die Sparmaßnahmen waren für die Menschen hart. Sie verdienten weniger oder bekamen weniger Rente.

Zeigt die Eurokrise, dass genaue Schuldengrenzen richtig sind? Nicht unbedingt. Für Euro-Staaten wie Griechenland gab es ja Schuldengrenzen. Ohne den politischen Willen, sie durchzusetzen, sind sie aber wenig wert. Außerdem ist es schwer zu sagen, welche Staatsschulden genau *zu* hoch sind. So zweifeln die Kreditgeber nicht daran, dass die USA ihre Schulden zurückzahlen werden. Dabei liegen diese über 100 Prozent der Wirtschaftsleistung, also weit höher als die Euro-Schuldengrenze. Japans Schulden liegen sogar über 200 Prozent der Wirtschaftsleistung. Das ist viel mehr als die Schulden Griechenlands, als das Land in Turbulenzen kam. Für Griechenland wurden die Schulden dadurch zum Problem, dass das Land seine Wirtschaft vernachlässigte und wenig produzierte. So schuf es nicht die wirtschaftlichen Werte, durch die Kreditgeber darauf vertrauen, dass ein Land seine Schulden zurückzahlt.

Die Coronakrise und warum Kurzarbeit sinnvoll ist

In der Coronakrise 2020 war eines ähnlich wie in der Finanzkrise 2008: Die alten Ideen des Ökonomen John Maynard Keynes erlebten eine Wiedergeburt. Die deutsche Regierung gab den Firmen Zuschüsse, damit sie nicht pleitegingen. Und sie steckte Milliarden Euro in die **Kurzarbeit**. Dabei arbeiten Beschäftigte weniger, weil die Firmen weniger Umsatz machen. Dank der finanziellen Hilfe durch den Staat haben die Firmen weniger Kosten und müssen die Arbeitnehmer nicht entlassen. Die Beschäftigten behalten ihre Stelle, bekommen aber weniger Lohn. Der Staat gleicht einen Großteil davon durch **Kurzarbeitergeld** aus. Unterm Strich verdienen die Beschäftigten fast so viel wie vorher. Das hilft der Wirtschaft. Denn die Arbeitnehmer haben genug Geld, um weiter Waren und Dienstleistungen zu kaufen. Die Unternehmen verlieren nicht so viel Umsatz. So wird verhindert, dass das ganze Land in eine Abwärtsspirale gerät, so wie in der Weltwirtschaftskrise, als Adolf Hitler die Macht ergriff.

Durch Kurzarbeitergeld und andere Zuschüsse gelang es, in der Coronakrise Massenarbeitslosigkeit zu verhindern. Höchstwahrscheinlich kennst du auch Leute, die 2020/21 in Kurzarbeit gingen. In der Weltwirtschaftskrise der 1930er-Jahre war die Arbeitslosigkeit auf 6 Millionen Menschen gestiegen. Sie blieb lange hoch. In der Coronakrise stieg die Arbeitslosigkeit nur auf knapp 3 Millionen Menschen und sank rasch wieder. Dabei leben in Deutschland heute rund 20 Millionen Menschen mehr als in den 1930er-Jahren.

In einer Krise kann nicht nur die Regierung reagieren. Auch die staatliche Zentralbank kann etwas tun. Sie kann die **Leitzinsen** senken, die sie festlegt. Das bedeutet, dass es für Firmen billiger ist, sich Geld zu leihen. Sind die Zinsen niedriger, lohnen sich für die Firmen Investitionen, die sich bei höheren Zinsen noch nicht gelohnt haben, denn sie müssen ja weniger für den Kredit bezahlen. Die Unternehmen kaufen mehr Maschinen und bauen mehr Fabriken. So kurbeln sie die Wirtschaft an, die schneller aus der Krise kommt.

In der Euro-Krise senkte die Europäische Zentralbank (EZB) ihre Leitzinsen. Das half Krisenstaaten wie Griechenland oder Italien. Solche Zinssenkungen heißen **lockere Geldpolitik.** So eine Geldpolitik ist allerdings riskant: Sie kann starke Preissteigerungen erzeugen, also Inflation.

Inflation macht ärmer

Das Geld, das du im Geldbeutel oder auf der Bank hast, kann an Wert verlieren: wenn die Preise für Produkte steigen. Angenommen, du hast 1000 Euro auf der Bank. Davon kannst du dir ein Fahrrad für 400 Euro, ein Smartphone für 300 Euro und vier Hosen für je 75 Euro kaufen. Steigen aber alle Preise um 10 Prozent, kosten diese Sachen zusammen 1100 Euro. Du kannst dir nicht mehr alles kaufen. Die **Kaufkraft** deines Geldes hat abgenommen.

Man nennt Preissteigerungen **Inflation.** Es ist normal, wenn Waren jedes Jahr 2 Prozent oder so teurer werden. Der Fahrradhersteller hat vielleicht höhere Kosten, weil das Material teurer geworden ist und er seinen Arbeitern mehr Lohn zahlt. Normalerweise steigen die Löhne fast jedes Jahr. Das heißt, die Beschäftigten haben mehr Geld. Die Produkte sind zwar teurer geworden, aber die Menschen haben auch mehr Einkommen. Ihre Kaufkraft ist nicht geschrumpft.

Gefährlich wird es, wenn die **Verbraucherpreise** sehr stark steigen. Denn das heißt, dass sich die Menschen trotz Lohnsteigerungen weniger kaufen können als vorher. Ihr **Reallohn,** also ihr Lohn abzüglich Inflationsrate, sinkt. Das heißt auch, dass das Geld, das sie gespart haben, weniger wert wird. Wenn die Preise steigen, können sie sich von den Ersparnissen weniger kaufen. Sie sind ärmer geworden.

Anfang der 1920er-Jahre stiegen die Preise in Deutschland dramatisch. Das war eine Folge des Ersten Weltkriegs 1914–1918, den Österreich und Deutschland angefangen hatten. Die deutsche Regierung hatte bei ihren Bürgern viel Geld geliehen, um Waffen und Panzer zu bezahlen. Die Bürger hatten Staatsanleihen gekauft. Die Regierung setzte darauf, dass sie den Krieg gewinnen würde und die besiegten Länder ihr Geld geben müßten. Deutschland verlor den Krieg und musste die Anleihen zurückzahlen, Zinsen entrichten und außerdem die Länder entschädigen, die es überfallen hatte. Die Regierung ließ die Zentralbank immer mehr Geldscheine drucken, um alles bezahlen zu können.

In der Hyperinflation 1923 mussten die Deutschen bündelweise Geld mit sich herumtragen, wenn sie einkauften. Am Ende brauchte es einen Schubkarren mit 300 Milliarden Reichsmark, um ein einziges Ei zu kaufen. Völlig verrückt. Die Menschen verzweifelten, weil ihre Löhne immer weniger wert waren und ihre Ersparnisse schrumpften. Die ganze Wirtschaft geriet ins Stocken.

Eine stark steigende **Geldmenge** kann Inflation auslösen. Zur aktuellen Warenproduktion in einem Land passt eine bestimmte Geldmenge. Wenn die Menschen plötzlich mehr Geld bekommen, kaufen sie mehr. Bei zunächst gleicher Warenproduktion steigen die Preise. Hinter dem zusätzlichen Geld, das die Menschen plötzlich bekommen, steht nicht mehr wirtschaftliche Leistung. Die Ausweitung der Geldmenge ist deshalb nicht solide.

Staatliche Notenbanken wie die Europäische Zentralbank haben die Aufgabe, die Preise halbwegs stabil zu halten. Die EZB folgt dem Ziel, die Inflation auf etwa 2 Prozent im Jahr zu begrenzen. Um das zu erreichen, kann sie die Leitzinsen erhöhen. Kredite werden teurer. Die Unternehmen wagen weniger Investitionen. Die Wirtschaft wird etwas gedämpft. Die Preise steigen weniger. In der Realität sind die Prozesse etwas komplizierter, aber grundsätzlich funktioniert es so.

In den Industriestaaten kam es in den 1970er-Jahren zu starker Inflation. Es begann damit, dass arabische Förderländer wie Saudi-Arabien den Ölpreis vervierfachten. Die Inflation blieb längere Zeit hoch. Dann erhöhten Zentralbanken wie die Federal Reserve (Fed) der USA die Leitzinsen stark. Das war schmerzhaft. Kredite verteuerten sich, die Unternehmen investierten weniger. Arbeitnehmer verloren ihre Jobs. Aber der Kurs der Zentralbanken funktionierte: Die Inflation ging nach einiger Zeit zurück.

Hoch, runter: Zinsen und Preise regulieren

War es also leichtfertig, dass die EZB in der Eurokrise der 2010er-Jahre die Zinsen senkte? So einfach ist es nicht. Eine lockere Geldpolitik durch niedrige Zinsen oder den Ankauf von Staatsanleihen kann die Wirtschaft beleben. Länder wie Griechenland befanden sich in einer Wirtschaftskrise. Und die EZB senkte die Zinsen noch aus einem zweiten Grund. Genauso gefährlich wie Inflation ist auch das Gegenteil: Deflation, also fallende Preise. Warum? Wenn die Preise fallen, wissen Unternehmen: Was sie morgen an Waren verkaufen, wird ihnen weniger Einnahmen bringen als heute. Sie reduzieren tendenziell ihre Produktion. Die Wirtschaft schrumpft.

Deflation war einer der Gründe für die furchtbare Weltwirtschaftskrise Anfang der 1930er-Jahre. Die deutsche Regierung verstärkte sie, indem sie Steuern erhöhte und auf niedrige Löhne drängte. Zentralbanken taten damals zu wenig gegen die Deflation. In den 2010er-Jahren senkte die EZB auch deshalb die Zinsen, um fallenden Preisen entgegenzuwirken. Inflation erzeugte sie dadurch nicht. Im gesamten Jahrzehnt bis zur Coronakrise blieben die Preissteigerungen unter 2 Prozent.

Zentralbanken müssen sehr vorsichtig vorgehen. Lahmt die Wirtschaft, ist es richtig, die Leitzinsen zu senken. Steigen irgendwann die Preise, darf eine Zentralbank nicht zu schnell die Leitzinsen erhöhen. Denn dann sorgen sie durch weniger

Kredite dafür, dass wirtschaftliches Wachstum abgewürgt wird. Wartet eine Zentralbank allerdings mit Zinserhöhungen zu lange, verfestigt sich Inflation – und schadet den Menschen.

Durch die Coronakrise entstand neue Inflation. Das geschieht nach Wirtschaftskrisen oft. Die Konsumenten und Firmen kaufen plötzlich wieder viel mehr. Die Hersteller, die in der Krise weniger produziert hatten, kommen erst mal nicht hinterher. Auch Energie verteuert sich sprunghaft.

Die deutsche Regierung hat 2020 die Mehrwertsteuer von 19 auf 16 Prozent gesenkt, damit die Menschen trotz der Coronakrise einkauften. Als sie die Mehrwertsteuer 2021 wieder auf 19 Prozent erhöhte, stiegen damit automatisch die Preise. Wenn ein Smartphone 300 Euro kosten soll, ist der Ladenpreis bei 16 Prozent Mehrwertsteuer 348 Euro. Bei 19 Prozent sind es 357 Euro. So stiegen die Preise allein durch die Steuererhöhung.

Alle diese Gründe zusammen führten zu einer deutlich höheren Inflation als in den Jahren davor. Dadurch sank das reale Einkommen vieler Deutscher, denn ihre Löhne stiegen weniger stark als die Preise.

Nachdem der russische Präsident **Wladimir Putin** im Februar 2022 die Ukraine überfallen hatte, stieg die Inflation in Deutschland weiter. Öl und Gas, das Deutschland und andere europäische Staaten aus Russland beziehen, verteuerten sich stark. Emma fragt sich, wie das alles in den nächsten Jahren weitergeht. Hab ich bald immer weniger Geld zum Ausgeben, wird alles immer teurer? Viele Ökonomen glauben, dass die Inflation nur für zwei, drei Jahre zunimmt. Auch die Energiepreise etwa von Öl und Gas, die stark zur allgemeinen Preissteigerung beitragen, werden nach ihrer Meinung in einigen Jahren wieder sinken. Ihr Argument lautet etwa: Insgesamt war die Inflation seit den 1990er-Jahren meist niedrig. Etwa weil die Globalisierung die Preise drückte. Eine deutsche Firma hat bei ihren Produkten anders als früher mehr ausländische

Firmen als Konkurrenz. Sie kann die Preise deshalb nicht mehr so leicht erhöhen.

Andere Ökonomen glauben, dass die Inflation wieder für viele Jahre stärker ausfallen wird. Zum Beispiel weil die Bevölkerung in den Industriestaaten schrumpft und altert. Es gibt weniger Menschen im typischen Arbeitsalter bis Mitte 60. Deshalb würden diese Arbeitnehmer starke Lohnsteigerungen verlangen, was die Preise insgesamt nach oben treibe.

8. KAPITEL

Wie man sein Geld anlegt

Leon verdient als Auszubildender zum Kfz-Mechatroniker jeden Monat 1000 Euro. Er wohnt noch bei seinen Eltern, mit denen er sich ganz gut versteht. Er geht am Wochenende gerne aus. Trotzdem bleibt ihm jeden Monat Geld übrig. Was soll er damit machen? Einfach aufs Sparbuch bei der Bank? Er hat im Radio gehört, dass es da kaum Guthabenzinsen gibt. Das ist der Betrag, den man als Bonus bekommt, wenn man sein Geld bei der Bank deponiert oder jemandem leiht.

Emmas Großeltern haben ihr eine hohe Summe geschenkt, 50 000 Euro. Oma und Opa möchten, dass sie sich während ihres stressigen Medizinstudiums mal was leisten kann. Sie soll auch schon Geld haben, falls sie später eine Familie gründet, Kinder hat und für den Kauf einer Wohnung sparen will. Emma ist sicher, dass sie während ihres Studiums nur einen kleineren Teil der Summe brauchen wird. Was soll sie mit dem Rest anfangen, bis sie das Geld benötigt? Einfach auf dem Bankkonto liegen lassen? Sie hat in der Zeitung gelesen, dass das Geld dann bei niedrigen Zinsen durch die Inflation weniger wird. Was tun?

Mit dem Gehalt, das du im Beruf verdienst, hast du zwei Möglichkeiten: für Essen, Miete, Versicherungen ausgeben, und was übrig ist für ein paar schöne Sachen wie Reisen. Oder es sparen, also für später aufheben. Beides ist für die Wirtschaft wichtig. Konsum hält die Unternehmen am Laufen. Und die Ersparnisse von dir und anderen brauchen sie, um Investitionen zu bezahlen, also um eine neue Fabrik zu bauen oder ein schickes Geschäft in einer Einkaufsstraße zu eröffnen.

Wenn man etwas spart, heißt das **Geldanlage**. Wobei mit Anlage meistens gemeint ist, dass man das Geld vermehren will. Man kann mit seinem Geld zum Beispiel eine Immobilie anschaffen, also ein Haus oder eine Wohnung. Oder **Aktien** kaufen. Damit gehört einem ein Teil eines Unternehmens.

Wenn du nicht so viel Geld zum Anlegen hast, kannst du es auf das Konto bei deiner Bank legen, die dir dafür Zinsen gibt. Oder du leihst einer Firma oder dem Staat Geld, indem du von ihnen zum Beispiel eine **Anleihe** kaufst. Die gibt es auch in kleinen Portionen, die nicht so viel kosten. Das ist eine Art Kredit, für den du Zinsen bekommst.

Bevor wir auf die Vor- und Nachteile von Aktien, Banksparen und Anleihen eingehen, klären wir ein paar grundsätzliche Fragen. Wie funktionieren Kredite, Zinsen, Banken, Börsen?

Kredite bringen die Wirtschaft in Schwung

Jenny fehlt das Geld, um sich in der Pause ein Sandwich und eine Cola zu kaufen. Also fragt sie Mehmet, ob er ihr fünf Euro leiht. Sie verspricht, es ihm zurückzugeben. Sie schließt mit ihm einen Kreditvertrag ab, das geht auch mündlich. Mündliche Verträge gelten genauso wie schriftliche. Mehmet hat einen Anspruch, sein Geld zurückzubekommen.

Wie genau funktioniert ein Kredit, willst du wissen? Gehen wir dazu mal ins 12. und 13. Jahrhundert, als das Finanzsystem in Schwung kam. Da war alles noch etwa übersichtlicher als heute. In italienischen Städten wie Florenz und Venedig arbeiteten Geldhändler im Freien. Sie saßen auf Tischen und Bänken, italienisch *banchieri*. Daher kommt das Wort für Banken, das wir noch heute benutzen. Sie verliehen dort Geld.

Italienische Kaufleute setzten damals auf die Kreditpapiere, weil die so praktisch waren. Stell dir vor, ein Kaufmann aus Florenz wollte in Istanbul in der heutigen Türkei Stoff für feine Kleider bestellen. Istanbul ist Hunderte Kilometer weg. Der Kaufmann müsste eine Truhe Goldmünzen mitnehmen. Auf dem Weg zur Küste könnten ihn Räuber überfallen, auf dem Meer Piraten. Wenn er Pech hat, ist das ganze Geld weg.

Lieber gab der Kaufmann einem *banchiere* in Florenz die Münzen. Von dem bekam er ein Kreditpapier. Dann fuhr er nach Istanbul und suchte die Stoffe aus. Er ging zu einem Geldhändler, der seinen Kollegen in Florenz kannte. Er gab das Papier, bekam die Münzen und bezahlte den Stoff.

Hier benutzt der Kaufmann das Papier, um zu bezahlen. Aber er konnte es auch einen anderen Kaufmann weitergeben, statt es in Münzen einzulösen. Diese Kreditpapiere begannen zwischen Kaufleuten und Händlern zu zirkulieren. Sie ließen den Handel aufblühen. Hafenstädte wie Venedig oder Genua kauften und verkauften Waren über weite Entfernungen. Viele profitierten.

Manche Kaufleute gaben dem Geldhändler nicht Münzen, um ein Kreditpapier zu bekommen. Sie bekamen das Papier einfach so. Sie liehen sich etwas, um Geschäfte zu machen, für die ihnen noch das Geld fehlte. Auf diese Weise entstanden viel mehr Geschäfte als ohne Kredite. Heute sind Kredite sehr verbreitet. Meist sind es Banken, die das Geld verleihen.

Das System funktioniert natürlich nur, wenn jemand für das Kreditpapier am Ende Geld bekommt. Kredit kommt vom lateinischen *credere*, glauben. Wer Geld verleiht, heißt **Gläubiger**. Aber wieso soll ein Kaufmann in Venedig glauben, dass er für ein Stück Papier wirklich Münzen von einem aus Florenz bekommt, den er gar nicht kennt?

Der Kaufmann aus Florenz kann es sich nicht aussuchen, ob er für das Kreditpapier Geld hergibt. Er schuldet es dem Kaufmann aus Venedig. Er hat bei ihm Schulden. Der Venezianer hat einen rechtlichen Anspruch, ans Geld zu kommen. Zur Not kann er ein Gericht einschalten, das dafür sorgt, dass der Mann aus Florenz Geld hergibt. Erst mit solchen Rechten sind diese Papiere wirklich etwas wert. Wenn Kaufleute öfter für Kreditpapiere nichts bekommen, bricht das System zusammen. Die Leute glauben nicht mehr dran. Der Kaufmann aus Florenz ist nicht mehr **kreditwürdig.**

Organisationen wie die *Schufa* (Abkürzung für «Schutzgemeinschaft für allgemeine Kreditsicherung») sammeln Daten über Menschen. Hat jemand einen Kredit nicht zurückgezahlt, taucht das in den Daten der Schufa auf. Er hat es dann schwerer, von einer Bank Geld zu bekommen, ein Fahrrad zu kaufen oder einen Handyvertrag abzuschließen, weil die Bank vorher bei der Schufa nachfragt. Jeder sollte darauf achten, nicht dauernd mehr Geld auszugeben, als er verdient. In Deutschland sind rund 6 Millionen Erwachsene überschuldet. Sie haben Probleme, ihre Kredite zurückzuzahlen. Eine *Schuldnerberatung* kann dann helfen.

In der Wirtschaft geschieht es ständig, dass Geschäftsleute viel Geld schulden und pleitegehen, so wie die Fluglinie Air Berlin oder die Drogeriekette Schlecker. Wenn ein Mensch seine Schulden nicht mehr zurückzahlen kann und zahlungsunfähig ist, kann er **Privatinsolvenz** anmelden. Das ist ein gesetzliches Verfahren, in dem er nach inzwischen nur noch drei Jahren seine Schulden loswird. Er muss in dieser Zeit möglichst viel zurückzahlen, darf aber von seinem Einkommen mehr als 1200 Euro im Monat zum Leben behalten. Das klingt nicht schlecht. Man muss allerdings seinen Arbeitgeber informieren, und die Insolvenz taucht in den Schufa-Daten auf. Unternehmen oder Vermieter sehen es also, falls sie sich informieren. Wenn er bei ihnen ein größeres Produkt kaufen oder eine Wohnung mieten will, lehnen sie oft ab.

Eine Bank hat Mehmets Eltern Geld für ein Haus mit kleinem Garten geliehen, in dem die Familie wohnt. Die Bank lässt sich als Sicherheit einen Anspruch auf einen Teil des Hauses geben. Zahlen die Eltern den Kredit nicht zurück, gehört dieser Teil der Bank. Andernfalls würde sie vielleicht ihr ganzes Geld verlieren, das sie den Eltern geliehen hat. Nur mit dieser Sicherheit ist sie überhaupt bereit, den Kredit zu gewähren. Wer normal verdient, hat meist nur einen Teil des Geldes, das ein Haus oder eine Wohnung kostet. In diesem Fall kostete es 800 000 Euro. Mehmets Eltern hatten die Hälfte davon gespart. Zusätzlich liehen sie sich 400 000 Euro von der Bank. Sie zahlen jeden Monat einen Teil zurück. Sie werden noch viele Jahre brauchen, um den Kredit ganz zurückzuzahlen. So lange hat die Bank einen Anspruch auf einen Teil des Hauses. Zahlen die Eltern nicht, kann sie durchsetzen, dass das Haus verkauft wird und sie dadurch die restliche Kreditsumme bekommt.

Mehmet selbst kauft endlich ein Smartphone. Er hat aber nicht das ganze Geld. Er bezahlt es in monatlichen Raten. Es ist eine Art Kredit von der Firma, sie sichert sich ab. Mehmet benutzt das Smartphone schon, aber es gehört immer noch der Firma, bis er es vollständig bezahlt hat.

Damit Gläubiger trotz der Risiken Kredite vergeben, dachten sich die Menschen **Sicherheiten** aus. Die muss der Schuldner in manchen Fällen stellen. Auf dem Pausenhof ist eine Sicherheit übertrieben. Mehmet kennt Jenny. Zahlt sie ihm das Geld nicht zurück, beschwert er sich bei ihrer Mutter. Für den venezianischen Kaufmann ist das Risiko größer. Als er dem Florentiner Kaufmann Geld leiht, verlangt er eine Menge Stoff als Sicherheit. Erst durch solche Sicherheiten gibt es Kredite. Die Wirtschaft kommt in Schwung.

Warum man für einen Kredit Zinsen zahlen muss

Wenn die Bank Mehmets Eltern (oder jemand anderem) Geld leiht, nimmt sie **Schuldzinsen**. Die Eltern müssen nicht nur den Kredit über 400 000 Euro zurückzahlen, sondern zusätzlich zum Beispiel 3 Prozent Zinsen pro Jahr. Im ersten Jahr waren dies etwa 12 000 Euro. Bis sie den Kredit in mehr als 15 Jahren ganz zurückgezahlt haben, kommt ein sehr hoher Euro-Betrag an Zinsen zusammen. Ist das fair?

In der Geschichte gab es oft Kritik an Zinsen. Manche Menschen fanden es unheimlich, dass sich das Geld dadurch vermehrt: Jemand leiht einem anderen Geld und hat nachher mehr, obwohl er dafür nicht gearbeitet hat. Das Christentum verbot zeitweise Zinsen, auch der Islam. Im Koran heißt es: «Diejenigen, die Zins nehmen, werden dereinst nicht anders dastehen als wie einer, der vom Satan erfasst ist.» Im Alltag aber umgingen die Menschen das Zinsverbot meistens, weil es dazu führt, dass weniger Kredite vergeben und deshalb weniger Produkte in der Wirtschaft hergestellt werden. Und wer weniger herstellt, hat weniger Einkommen.

Die Bank, die Mehmets Eltern Geld leiht, hat Kosten. Sie musste sich das Geld erst selbst besorgen. Dafür zahlt sie Kunden **Guthabenzinsen**, damit diese Geld auf ihr Konto bei der Bank legen – und nicht bei einer anderen Bank. Außerdem muss die Bank den Mitarbeiter bezahlen, der den Kredit mit den Eltern vereinbart. Die Bank bezahlt Miete, Strom und Heizung für das Bankgebäude. Sie bildet eine Reserve, falls Kunden wie Mehmets Eltern einen Kredit nicht zurückzahlen können. Indem sie Zinsen einnimmt, kann sie ihre Kosten bezahlen. Wahrscheinlich bleibt der Bank ein Gewinn. Die Bank handelt nicht anders als ein Bäcker, der sein Brot auch nicht verschenkt. Durch den Zins wird sie für ihr Risiko entlohnt. Denn es kommt immer wieder vor, dass Schuldner nicht zurückzahlen. Ohne Zinsen würde die Bank den Eltern keinen

Kredit geben, denn der würde einen Verlust bedeuten. Die Eltern hätten das Haus nicht gebaut. Die Baufirma, die Malerfirma, die Elektrofirma hätten einen Auftrag weniger gehabt. Und damit weniger Einkommen.

Deutsche Banken haben Kredite für den Bau oder Kauf von Häusern über etwa 1,5 Billionen Euro laufen. Das ist so, als ob jeder Deutsche vom Baby bis zur Oma 20 000 Euro Kredit bekommen hat. Wenn es das alles nicht gäbe, wären Zehntausende Bauarbeiter arbeitslos. Die meisten Unternehmen benötigen für ihre Geschäfte Kredite.

Nullzinsen nerven die Sparer

Was bedeutet das für Leon und Emma, die Geld anlegen wollen? Sie können es jemandem leihen. Etwa dem Staat oder einer Firma, die **Anleihen** ausgeben. Das würde so gehen: Leon kauft die Anleihe. Der Staat oder die Firma verpflichtet sich, Zinsen zu zahlen. Und später die ganze Anleihe, wenn ihre Laufzeit endet. Wenn Leon nicht warten will, kann er die Anleihe vorher verkaufen. Anleihen werden an Finanzmärkten gehandelt. Ihr Kurs und damit ihr Wert schwanken, wenn sich die allgemeinen Marktzinsen verändern.

Der Handel mit Anleihen ist vielen Sparern zu kompliziert. Deshalb legen sie ihr Geld lieber in festen Sparformen mit Zinsen an, bei denen der Wert nicht schwankt. Seit Langem beliebt ist das **Sparbuch** bei der Bank. Davon darf man aber nur 2000 Euro im Monat abheben – anders als beim Girokonto. Will man mehr abheben, muss man den Betrag vorher kündigen und kommt erst nach drei bis sechs Monaten an sein Geld. Außerdem bringt ein Sparbuch meist weniger Zinsen als **Tagesgeld** oder **Festgeld** bei der Bank.

Bei Tagesgeld darf Leon die ganze Summe jederzeit wieder vom Konto nehmen. Bei Festgeld stimmt er zu, dass er erst später wieder an das Geld kann. Zum Beispiel in einem Monat oder einem Jahr. Je länger er das Geld dort parkt, desto mehr Zinsen zahlt die Bank, denn sie hat etwas von den Sparsummen der Kunden: Sie vergibt durch sie Kredite. Dafür kassiert sie von Firmen und Privatleuten Zinsen, und zwar meist mehr, als sie den Sparern zahlt. Durch diese Zinsdifferenz verdient die Bank Geld.

Wovon hängt es ab, wie viel Zinsen man bekommt? Zum einen von den Zentralbanken, die Leitzinsen festlegen. In der Finanzkrise 2008 und der Eurokrise ab 2010 senkte die Europäische Zentralbank (EZB) ihre Leitzinsen stark, teils unter null. Das ist ein Grund dafür, warum es für Sparer seit Längerem kaum Zinsen gibt. Aber nicht der einzige.

Die Zinsen sind der Preis des Geldes. Und dieser Preis wird wie bei anderen Dingen von Angebot und Nachfrage bestimmt: Wenn das Angebot größer ist als die Nachfrage, sinkt der Preis. Das Angebot an Geld ist seit Langem größer als die Nachfrage. Nicht nur in Europa, auch in anderen Industriestaaten wie den USA. Warum?

Ein Grund ist zum Beispiel, dass die Menschen in diesen Staaten immer älter werden. Deutsche verbringen heute im Schnitt 20 Jahre im Ruhestand, doppelt so lange wie früher. Damit sie im Alter genug Geld haben, sparen sie während des Berufslebens mehr an als früher. Sie bieten also Geld an, etwa der Bank als Festgeld. Doch gleichzeitig fragen die Firmen in den Industriestaaten weniger Kredite nach als früher. Die Unternehmen investieren weniger, weil die Wirtschaft weniger stark wächst. Anders als nach dem Zweiten Weltkrieg haben die meisten Familien schon einen Kühlschrank, ein Auto und einen Fernseher.

Es gibt noch andere Ursachen, aber im Wesentlichen lässt sich sagen: Mehr Sparen (= Angebot an Geld) trifft auf weniger Investitionen (= Nachfrage nach Geld). Also sinkt der Zins als

Preis des Geldes. Oft gibt es für Festgeld oder andere Sparprodukte kaum Zinsen. Solche Nullzinsen nerven.

Was können Leon und Emma tun? Ihr Geld anders anlegen. Zum Beispiel in Aktien. Oder wenn sie mehr Geld haben, in Immobilien wie einer Wohnung.

Mit Aktien Geld verdienen

Du hast gesehen, dass es bei Krediten Sicherheiten geben muss, damit das Risiko für den Kreditgeber sinkt. Das war auch ein Grund dafür, dass Aktien entstanden sind.

Nehmen wir an, der Stoffhändler aus Florenz im 13. Jahrhundert möchte sein Geschäft erweitern. Er will die Stoffe auch in Rom, Venedig und Genua verkaufen. Um dort Filialen zu eröffnen, braucht er Geld. Er kann es sich als Kredit leihen. Oder zwei andere Kaufleute beteiligen sich an seinem Geschäft. Sie geben ihm Geld. Den beiden gehört jetzt offiziell je ein Viertel der Firma, ihm die Hälfte. Die Gewinne des Stoffhandels werden zwischen ihnen aufgeteilt. Gleichzeitig tragen die neuen Miteigentümer nicht das volle Risiko, wenn der Stoffhandel pleitegeht. Sie haben nur einen Teil ihres Geldes in das Stoffgeschäft gesteckt, den Rest in einen Olivenhain. Bekommt eines ihrer Geschäfte Probleme, haben sie noch das andere. Das ist ein wichtiger Punkt beim Geldanlegen: Wer sein Geld auf mehrere Anlagen verteilt, senkt sein Risiko.

Wenn eine Firma groß ist, lohnt es sich, das Eigentum über Aktien zu verteilen. **Aktiengesellschaften** haben oft Tausende Eigentümer. Jede Aktie steht für einen Anteil. Sagen wir, du kaufst eine Aktie. Wenn die Aktiengesellschaft tausend Aktien ausgibt, gehört dir ein Tausendstel des Unternehmens.

Der große Vorteil an Aktien ist, dass du sie einfach kaufen und verkaufen kannst. Wenn du einen Anteil am Stoffgeschäft der Kaufleute kaufen willst, ist das kompliziert. Denn wie viel sollst du für den Anteil bezahlen? Damit du nicht einen zu hohen Preis bezahlst, musst du herausfinden, wie gut die Stoffgeschäfte laufen. Aber wie? Okay, in der Bilanz kann man den Gewinn des vergangenen Jahres nachlesen. Aber was ist mit dem Gewinn im laufenden Jahr? Im nächsten Jahr? Gibt es Konkurrenten, die dem Stoffhandel das Geschäft vermiesen? Wenn du Geld in Aktien anlegst, gibt es einen großen Vorteil: Börsen beantworten für dich die Frage, was ein guter Preis für die Aktie ist.

DIE BÖRSE

Aktien werden an einer Börse gehandelt. Alle verfügbaren Informationen über ein Unternehmen fließen ständig in den Preis ein, den *Aktienkurs*. Wie viel verkauft die Firma von ihren Produkten? Gibt es Konkurrenten, die ihr das Geschäft vermiesen? Interessieren sich die Kunden für eine ganz andere Art von Waren? Der Aktienkurs ändert sich oft im Sekundentakt. Fallen die Aktien dramatisch, sagen wir um die Hälfte, spricht man vom Börsencrash.

Börsenindices messen, wie sich die Kurse insgesamt entwickeln. Dreißig große deutsche Firmen sind im *Deutschen Aktienindex (Dax)* zusammengefasst. In den USA gibt es etwa den *Dow-Jones-Index*, der auch aus dreißig großen Firmen besteht.

Die erste Börse der Welt entstand vor gut fünfhundert Jahren in Brügge, heute eine Stadt in Belgien. Bis vor wenigen Jahren trafen sich die Aktienhändler persönlich in Börsen. Man nennt sie auch Börsenmakler oder Broker. Sie hatten spezielle Fingerzeichen und Abkürzungen, die sie sich in der Hektik zubrüllten. Hektik, weil Kurse von einer Minute auf die andere steigen oder fallen. Dann wollen sie blitzschnell kaufen oder verkaufen, um Geld zu machen. Inzwischen werden die meisten Aktien online über Computer gehandelt.

An Börsen werden auch Währungen wie Euro, Dollar und Bitcoin gehandelt, Öl, Anleihen oder Schweinebäuche.

Mit einer Aktie kann Emma auf zwei Arten Geld verdienen. Was bei Sparprodukten wie Festgeld der Zins ist, ist bei Aktien die **Dividende**. Aktiengesellschaften schütten einen größeren Teil ihres Jahresgewinns als Dividende aus. Wenn die Firma tausend Aktien ausgegeben hat und Emma eine besitzt, bekommt sie ein Tausendstel des Gewinns.

Geld verdient Emma auch, wenn der Aktienkurs steigt. Hat sie die Aktie für 50 Euro gekauft und kann sie nach zwei Jahren für 55 Euro an der Börse verkaufen, sind das zehn Prozent **Kursgewinn**. Pro Jahr rund fünf Prozent, ein guter Wert. Und dazu kommen die Dividenden, zum Beispiel zwei Prozent pro Jahr.

Kursgewinn und Dividende zusammen ergeben die **Rendite** von Aktien, ausgedrückt in Prozent des Kaufpreises, den Emma bezahlt hat. Hier wären es 7 Prozent Rendite pro Jahr. Ein tolles Ergebnis. Emmas Geld hat sich jedes Jahr um 7 Prozent vermehrt. Statt 50 Euro hat sie nach zwei Jahren 57 Euro.

Mit Festgeld oder Anleihen kann Emma normalerweise keine 7 Prozent Rendite pro Jahr verdienen. Und bei den niedrigen Zinsen der 2010er-Jahre sowieso nicht. Da war die Rendite dieser Zinsprodukte meist 0 bis 2 Prozent.

Wenn Emma von den 50 000 Euro der Großeltern 10 000 Euro in Aktien steckt und der Kurs von 50 auf 55 Euro steigt, dann hat sie nach zwei Jahren mit Dividenden etwa 11 400 Euro. Ein sattes Plus. Soll Emma also ihr ganzes Geld in Aktien stecken? Nein. Denn Emmas Aktie kann auch fallen. Wenn sie nach zwei Jahren bei 40 Euro steht, hat sie Geld verloren. Trotz der Dividenden. Kommt es ganz schlimm, kann sich der Aktienkurs auch halbieren, von 50 auf 25 Euro. Oder die Firma geht pleite – und der Kurs sinkt auf null.

Aktien sind riskanter als Sparprodukte wie Festgeld. Bei Festgeld kriegt Emma am Ende das ganze Geld zurück. Plus Zinsen. Gut möglich, dass die Inflation einen größeren Teil der

Zinsen auffrisst. Wenn die Inflation höher ist als die Zinsen, macht Emma sogar Minus. Doch ihr Verlust hält sich in Grenzen.

Aktien können deutlich mehr Geld bringen als Sparprodukte, aber sie haben ein höheres Risiko. Das hängt zusammen. Ökonomen sprechen von einer Prämie für das Risiko. Wer die Gefahr auf sich nimmt, Geld zu verlieren, kann im Normalfall mehr Geld gewinnen.

Ist die Börse ein Spielcasino?

Vielen Menschen ist die Sicherheit wichtiger als die Gewinnchance. Sie kaufen deshalb grundsätzlich keine Aktien. Wem diese Sicherheit über alles geht, trifft damit für sich eine völlig richtige Entscheidung.

Ist die Aktienbörse deshalb ein Spielcasino, wie manche meinen? Sind Steigerungen des Aktienkurses reiner Zufall? Nein. Betrachtet man es über eine längere Zeit, gibt es zwei Gründe, warum eine Aktie steigt oder fällt.

Zum einen, wie die Geschäfte der Firma laufen. Verdient die Firma ordentlich Geld, steigt der Kurs eher. Warum sollte er dramatisch abstürzen, wenn die Firma Geld verdient und die Wirtschaft allgemein gut läuft, so wie meist?

Zum zweiten muss man die Aktie in Konkurrenz zu anderen Geldanlagen sehen. Wenn es 4 oder 5 Prozent Zinsen für sichere Sparprodukte gibt, sind diese im Vergleich zu Aktien ziemlich attraktiv. Als aber die Zinsen in den 2010er-Jahren stark sanken, lohnten sich die meisten Aktien mehr als diese Sparprodukte. Bei den großen Dax-Firmen lief es in den 2010er-Jahren sehr gut. Der Deutsche Aktienindex verdoppelte sich von 6000 auf mehr als 13 000 Punkte. Er stieg also pro Jahr um 10 Prozent.

Das war sehr viel. Niemand darf erwarten, jedes Jahr so viel an der Börse zu verdienen. Forscher haben aber gezeigt, dass Aktien in Industriestaaten wie Deutschland und USA über Zeiträume von 150 Jahren viel Rendite abwerfen. Im Durchschnitt waren es 7 Prozent pro Jahr. Also das, was wir bei Emmas Aktienkauf vorhin angenommen haben. Sparprodukte warfen im Schnitt höchstens 2 Prozent ab, so die Forscher. Sie brachten also schon vor der Nullzinsphase der 2010er-Jahre wenig. Interessant ist auch: Das Risiko bei Aktien war meist gar nicht so groß, wie viele Bürger denken.

Auch Immobilien schneiden bei den Studien der Forscher gut ab, also der Kauf eines Hauses oder einer Wohnung. Das bringt ähnlich viel wie Aktien.

Sein Geld verteilen

Die Ergebnisse der Forscher sprechen dafür, sein Geld zu verteilen. Einen Teil der Ersparnisse ganz sicher parken, damit man vor Verlusten geschützt ist. Andere Ersparnisse, die man länger nicht braucht, kann man in Aktien anlegen. Oder, falls man eine größere Summe hat, in Immobilien.

Wer in Sparprodukte mit Zinsen anlegt, schläft ruhig, heißt es. Und wer Aktien kauft, isst gut, weil er sich mehr leisten kann. Wer sein Geld verteilt, kann vielleicht ruhig schlafen *und* gut essen.

Ums gute Essen geht es in Wahrheit gar nicht so sehr. Sondern zum Beispiel darum, durch Geldanlage mit guter Rendite für das Alter vorzusorgen. Seit Längerem sinken die Renten, von denen die Deutschen im Ruhestand leben, im Verhältnis zu den Löhnen. Wer im Alter den Gürtel nicht enger schnallen will, braucht zusätzliche Einnahmen. Zum Beispiel aus Aktien oder Immobilien.

Wie legt Emma nun ihr Geld an? Erste Regel: Emma sollte auf einen Teil der Ersparnisse immer zugreifen können. Als *Notreserve*. Wenn zum Beispiel ihre Waschmaschine kaputtgeht, braucht sie sofort Geld. Jemand, der im Beruf ist, sollte mindestens drei Monatsgehälter verfügbar haben – auf Emma bezogen könnten dies bis zu 10 000 Euro sein –, auf einem Tagesgeldkonto greifbar.

Dann könnte Emma einen größeren Teil des Geldes von ihren Großeltern sicher anlegen, damit es nicht verloren geht. Etwa als Festgeld bei der Bank.

Und den Rest könnte sie in Aktien anlegen. Jedenfalls das Geld, das sie erst in ein paar Jahren braucht, in fünf oder zehn vielleicht. Warum dieser langfristige Blick? Auf diese Weise kann Emma es aushalten, wenn die allgemeinen Aktienkurse mal stark runtergehen, wie sie es etwa in der Finanzkrise 2008 oder beim Angriff Russlands auf die Ukraine 2022 taten. Wenn sie abwarten kann, muss Emma die Aktien nicht zu einem schlechten Kurs verkaufen, der wenig mit der einzelnen Firma zu tun hat, sondern mit der Weltlage.

Nur wer Ersparnisse langfristig anlegen kann, wer ein paar Jahre Zeit hat, sollte Aktien kaufen. Natürlich sollte man auf den Zeitpunkt achten. Wenn Deutschland auf eine größere Wirtschaftskrise zusteuert und die Medien voll von diesen Problemen sind, wartet man lieber ab.

Ob jemand 20 000 Euro in Aktien anlegt oder weniger – das hängt davon ab, wie gerne er oder sie Risiken eingeht. Je weniger risikobereit, desto weniger in Aktien. **Verbraucherzentralen** beraten, wie man mit seinem Geld umgeht (und auch zu anderen Themen wie Versicherungen). Ganz entscheidend ist es aber, das Risiko gut einzuschätzen und möglichst gering zu halten.

Anlagerisiken reduzieren

Auf keinen Fall sollte man nur Aktien *einer* Firma kaufen. Denn geht es dieser Firma schlecht, schrumpfen die Aktien-Ersparnisse auf einen Schlag. Lieber sollte man die Aktien von zum Beispiel fünf verschiedenen Firmen kaufen. Und diese sollten möglichst in unterschiedlichen Branchen sein. Und eher in unterschiedlichen Ländern. Geht es der Autobranche schlecht, macht die Chemiefirma trotzdem Gewinn. Und laufen deutsche Aktien schlecht, steigen vielleicht die US-Aktien. Unterschiedliche Aktien (oder Anlageprodukte generell) zu kaufen, nennt man **Diversifikation.**

Woher soll man wissen, welche Aktien man kaufen soll? Damit man die Aktien nicht selbst aussuchen muss, kann man **Aktienfonds** kaufen. Da sind dann die Aktien unterschiedlicher Firmen, Branchen und auch Länder drin. Dafür, dass eine Fondsfirma die Aktien auswählt, muss man allerdings oft ziemlich viel Gebühren zahlen. Das reduziert ihren Gewinn. Eine günstige Anlage mit wenig Gebühren sind **Exchange Traded Funds** (ETF). Diese bilden die Wertentwicklung bestimmter Aktien ab. Zum Beispiel, wie die Kurse der dreißig Firmen verlaufen, die im Deutschen Aktienindex Dax zusammengefasst sind. Steigt der Dax, steigt auch der ETF auf den Dax. Ein ETF auf den Dow Jones vollzieht die Kurse auf diesen amerikanischen Aktienindex nach.

Was soll Leon mit seinem Geld machen? Er hat ja nicht so viel wie Emma. Er hat jeden Monat 300 Euro übrig, die er sparen kann. Ein größerer Teil davon soll ganz sicher sein. Er möchte sich bald ein Motorrad kaufen, dafür braucht er das Geld. Also legt er 200 Euro im Monat als Festgeld bei der Bank an. 100 Euro im Monat steckt er in einen Dax-ETF-Sparplan. Dadurch fließen die 100 Euro jeden Monat in einen ETF auf den Deutschen Aktien-

index. An dieses Geld will er frühestens in fünf Jahren ran. Das ist ein guter Zeitraum, um den Kauf von Aktien zu riskieren.

Bei der Geldanlage gibt es insgesamt noch mehr zu bedenken. Das kann ich hier in einem Buch über die gesamte Wirtschaft nicht alles darstellen. Das gilt auch für andere Themen des Buches, aber hier besonders, weil du ja kein Geld verlieren sollst. Deshalb informiere dich unbedingt noch ausführlicher und auch aktuell, bevor du Geld anlegst.

Immobilien – mieten oder kaufen?

Neben Aktien bringen auch Immobilien wie Wohnungen häufig gute Erträge. Dabei gibt es mehrere Möglichkeiten. Man kauft eine Wohnung (oder ein Bürogebäude oder Garagen oder was auch immer) und vermietet sie. Dann bekommt man die Miete. Außerdem kann der Wert der Immobilie steigen, wie bei einer Aktie. Dann kann man sie nach ein paar Jahren mit Gewinn verkaufen. Die Preise von Wohnungen und Häusern in deutschen Städten stiegen ab Ende der 2000er-Jahre deutlich. Teils galt dies auch für die Ballungsräume um die Städte herum. Aber ob eine Wohnung wirklich mehr wert wird, hängt sehr von ihrer Lage ab. Eine Wohnung an einer lauten Straße ist nicht so beliebt. Und auf dem Land steigen die Immobilienpreise eher wenig – oder gar nicht.

Man kann auch eine Wohnung kaufen und selbst darin wohnen. Dann muss man keine Miete zahlen. Man ist davor geschützt, dass der Eigentümer den Mietvertrag kündigt und man ausziehen muss. Das ist eine attraktive Sache. Wenn man dann im Ruhestand weniger Geld hat, ist es angenehm, keine Miete zahlen zu müssen.

Es gibt ein großes Hindernis für den Immobilienkauf: Er kostet sehr viel Geld. In deutschen Städten werden schon kleinere Wohnungen für mehrere 100 000 Euro verkauft. Wer etwas kaufen will, braucht meist einen Kredit.

Mehmets Eltern haben ein Haus für 800 000 Euro gebaut und mussten sich dafür 400 000 Euro leihen. Sie überweisen jeden Monat mehr als 1500 Euro an die Bank. Für Zinsen und die Rückzahlung des Kredits (Tilgung). Um das zu schaffen, muss man gut verdienen. Denn von ihren beiden Gehältern müssen Mehmets Eltern ja alle weiteren Ausgaben der Familie finanzieren. Dabei waren die niedrigen Marktzinsen seit Anfang der 2010er-Jahre für die Eltern ein Vorteil. Wer in dieser Zeit einen Kredit aufnahm, zahlt weniger an die Bank als früher.

Wer nicht so viel gespart hat, kann auf eine andere Weise in Immobilien investieren. Es gibt Immobilienfonds, die das Geld vieler Sparer einsammeln und damit Häuser kaufen. Hier genügen schon wenige tausend Euro. Allerdings muss sich der Sparer genau anschauen, wie erfolgreich so ein Fonds bisher war und welche Gebühren er verlangt.

Windkraft, Schweinebäuche oder Bitcoin?

Emma hat sich jetzt ziemlich intensiv damit beschäftigt, was sie mit ihrem Geld machen kann. Eine Frage ist noch offen: Was ist mit den Umweltzielen, die ihr wichtig sind? Kann sie ihr Geld auch so anlegen, dass sie damit etwas Gutes für das Klima tut? Auch darauf gibt es Antworten. In den vergangenen Jahren ist **nachhaltige Geldanlage** populär geworden. Die Sparer schließen dabei zum Beispiel Aktien von Firmen aus, bei denen bekannt wurde, dass sie Mitarbeiter schlecht behandeln oder die Umwelt schädigen. Deutsche Anleger investieren mehr als 200 Milliarden Euro in nachhaltige Finanzprodukte – so viel, wie die größte deutsche Firma VW jedes Jahr an Umsatz macht.

Es ist aber gar nicht so einfach zu entscheiden, was wirklich nachhaltig ist. Anbieter werben mit dem Etikett «Öko» oder «Sustainable», um Sparer anzulocken. Eine gute Orientierung bietet der **Natur-Aktien-Index (NAI)**, den es schon seit 1997 gibt. Die Unternehmen darin produzieren erneuerbare Energien oder Elektroautos oder machen Recycling. Schon seit 1975 bietet Ökoworld nachhaltige Anlagen an, etwa Fonds. Auch die Börsenindices Dow Jones Sustainability und MSCI World SRI bilden nachhaltige Anlagen ab, sind allerdings umstrittener.

Insgesamt gibt es unglaublich viele Möglichkeiten, sein Geld anzulegen. Du kannst auch darauf setzen, dass der Preis von Öl steigt (nicht sehr nachhaltig). Oder der von Schweinebäuchen (auch nicht). Es gibt Terminprodukte wie **Optionen** oder **Futures**. Damit spekuliert man, dass Aktien oder der Ölpreis bis zu einem bestimmten Zeitpunkt gestiegen sind – oder gefallen. Mit wenig Geldeinsatz und hoher Gewinnchance, aber auch riesiger Verlustgefahr. Ein normaler Sparer, also einer, der sich nicht als Profi täglich damit beschäftigt, lässt davon am besten die Finger. Du auch.

Riskant sind auch **Kryptowährungen** wie Bitcoin. Normalerweise geben Staaten Währungen heraus, so wie die USA den Dollar. Hinter Bitcoin steht kein Staat. Einzelne Menschen starteten die digitale Kunstwährung nach der Finanzkrise 2008, man weiß nicht genau wer. Mit Bitcoin kann man theoretisch Produkte bezahlen, allerdings lassen dies nur sehr wenige Hersteller zu. Kryptowährungen sind einige Zeit sehr stark gestiegen. Wer sie kaufte, dessen Geld wurde mehr. Aber wenn der Bitcoin-Kurs mal dramatisch fällt, steht eben kein Staat dahinter wie bei Dollar oder Euro.

Beim Euro ist es so: Fällt er zu sehr, greift die Europäische Zentralbank ein und stützt den Kurs, indem sie Euro kauft, so dass der Kurs steigt. Oder indem sie ihren Leitzins erhöht, so dass Investoren Geldanlagen in Euro interessanter finden und kaufen.

Bei Kryptowährungen wie **Bitcoin** ist das anders. Dahinter steht keine Zentralbank. Deshalb können solche privaten Währungen ganz leicht an Wert verlieren. Bitcoin basiert auch nicht auf den Geschäften einer Firma, die etwa dem Aktienkurs eine solide Basis geben. Bitcoin steigt nur so lange, wie Anleger daran glauben.

So ist es mit vielen Dingen in der Wirtschaft: Es gehört dazu, dass Menschen daran glauben. Am Ende aber entscheiden Zahlen und Fakten, ob etwas funktioniert.

Bücher und Webseiten

Über Wirtschaft erfährt man einiges in Sachbüchern, aber auch in Romanen. In *Das Geld* von Émile Zola erfährt man viel über Gier an der Börse. In *Die Geschichte der Bienen* von Maja Lunde geht es um die Folgen des Klimawandels. *Ein ganzer Kerl* von Tom Wolfe handelt von einem Immobilienspekulanten, der sich verkalkuliert. *Amerikanisches Idyll* von Philip Roth erzählt von der radikalen Kritik einer Tochter am kapitalistischen Leben ihres Vaters, eines Unternehmers.

Hier eine Auswahl von Sachbüchern, die Wirtschaft erklären wollen:

- Ulli Gericke, Hannes Koch, Katharina Koufen: 101 x Wirtschaft, 2020
- Nikolaus Piper, Geschichte der Wirtschaft, 2002
- Die tagesschau erklärt die Wirtschaft, 2008
- George Abbot, John Farndon et al., Das Wirtschaftsbuch, 2013
- Sean Masaki Flynn, Wirtschaft für Dummies, 2005

Und ein paar gut verständliche Webseiten:

- https://studyflix.de/wirtschaft
- www.bpb.de. Die Bundeszentrale für politische Bildung bringt auch zu Wirtschaftsthemen gute Zusammenfassungen
- www.spiegel.de
- www.handelsblatt.com
- www.sz.de

Register

Fette Seitenzahlen verweisen auf Stellen, an denen ein Name oder Begriff eingeführt oder genauer erklärt wird.